Das Zusammenspiel von Körper und Psyche unter besonderer Berücksichtigung von Verspannungen in diesem Kontext

Anwendungsfelder der Sensomotorischen Körpertherapie nach Dr. Pohl®

Lena Jahnke

Das Zusammenspiel von Körper und Psyche unter besonderer Berücksichtigung von Verspannungen in diesem Kontext

Anwendungsfelder der Sensomotorischen Körpertherapie nach Dr. Pohl®

Das Zusammenspiel von Körper und Psyche unter besonderer Berücksichtigung von Verspannungen in diesem Kontext

Anwendungsfelder der Sensomotorischen Körpertherapie nach Dr. Pohl®

Lena Jahnke

FSC
www.fsc.org
MIX
Papier aus ver-
antwortungsvollen
Quellen
Paper from
responsible sources
FSC® C105338

Informationen zu weiteren Behandlungsfeldern unter www.pohltherapie.de

Bibliografische Information der Deutschen Nationalbibliothek:
Die Deutsche Nationalbibliothek verzeichnet diese Publikation in der Deutschen Nationalbibliografie;
detaillierte bibliografische Daten sind im Internet über http://dnb.dnb.de abrufbar.

© 2020 Lena Jahnke

Herstellung und Verlag: BoD – Books on Demand, Norderstedt

ISBN: 978-3-7526-1118-2

Inhaltsverzeichnis

1 EINLEITUNG

Die vorliegende Bachelorthesis beschäftigt sich mit dem Zusammenspiel von Körper und Psyche unter besonderer Berücksichtigung von Verspannungen in diesem Kontext. In der Arbeit soll die Bedeutung von Verspannungen bei psychischen und psychosomatischen Problemen herausgearbeitet werden. Zudem soll ihr Einfluss auf die Entstehung und Aufrechterhaltung solcher Probleme sowie mögliche Therapieformen diskutiert werden.

Den Hintergrund dieser Thematik bildet eine speziell entwickelte Körpertherapie von Dr. Helga Pohl, die sensomotorische Körpertherapie, die bei vielen psychosomatischen, aber teilweise auch bei „rein" psychischen Erkrankungen Verspannungen der Muskeln und des Bindegewebes entdeckt hat. Die Auflösung dieser Verspannungen durch spezifische Massagen und weitere körperbezogene Techniken führte bei vielen ihrer PatientInnen zu einer deutlichen Besserung und teilweise zur Auflösung ihrer Leiden. Durch diesen therapeutischen Ansatz über die Körperarbeit lassen sich auch einige psychische Probleme wie Ängste oder depressive Verstimmungen verbessern. Vor allem solche Auswirkungen auf die Psyche sollen in der vorliegenden Bachelorarbeit erörtert werden und dabei soll die Rolle, die Verspannungen bei psychischen und psychosomatischen Problemen spielen können, beleuchtet werden.

Besondere Beachtung findet der Zusammenhang von Körper und Psyche, wobei auch auf die gesellschaftliche Sichtweise dieser Interaktion eingegangen und diese kritisch hinterfragt wird. Außerdem werden typische körperliche Reaktionsmuster bei psychischen Problemen thematisiert und die Reaktionen von Patienten auf die sensomotorische Körpertherapie sowie auf andere Körpertherapien werden dargestellt. Neben den Auswirkungen auf psychische Beschwerden stehen in dieser Arbeit vor allem die psychosomatischen Störungen im Fokus. Es wird gezeigt, welche Auswirkungen die Diagnose „psychosomatisch" haben kann und wie Patienten durch die derzeitige Sichtweise auf Störungen dieser Art stigmatisiert werden. Es werden zudem Lösungsansätze aufgezeigt und Behandlungsmöglichkeiten vorgestellt, die einen positiven Effekt bei psychosomatischen sowie psychischen Beschwerden haben.

1.1 Relevanz des Themas

Die Relevanz dieser Thematik ergibt sich aus der Tatsache, dass immer mehr Menschen sowohl an psychischen als auch an psychosomatischen Erkrankungen leiden und der Bedarf für neue Therapiemethoden immer größer wird (Bühring, 2010, S.1548).

Gerade bei psychosomatischen Erkrankungen werden oft keine Ursachen für die Schmerzen der PatientInnen gefunden, die oft viele verschiedene Ärzte aufsuchen und trotzdem am Ende frustriert und teilweise verzweifelt ohne Diagnose zurückbleiben. Ihr Leiden wird dann als „psychosomatisch" abgetan und nicht wirklich ernst genommen, was für die Patienten sehr niederschmetternd sein kann.

Nach Helga Pohl haben gerade diese PatientInnen aber sehr wohl Gründe und Ursachen für ihre Schmerzen, nämlich Verspannungen und Blockaden auf körperlicher Ebene, vor allem im Bindegewerbe. Wenn diese Erkenntnis und die Therapie dieser Probleme bekannter werden würde, ließen sich wahrscheinlich deutlich mehr dieser „unlösbaren" Probleme beheben. Gerade in Zeiten, in denen Fehlhaltungen, Arbeit am Schreibtisch und wenig Bewegung im Arbeitsleben und Alltag vieler Menschen an der Tagesordnung sind, sollte Ansätzen, die den Körper mit in die Therapie einbeziehen, viel mehr Aufmerksamkeit geschenkt werden. Da sich auch in Zukunft die Arbeitsweise voraussichtlich eher in diese Richtung entwickeln wird, sind solche Methoden von großer Relevanz für die zukünftige Behandlung von Problemen dieser Art.

Auf psychische Probleme bezogen könnten Körpertherapien neue Möglichkeiten eröffnen, das psychische Wohlbefinden von PatientInnen zu steigern. Das wäre nicht nur generell eine positive Entwicklung im Therapieverlauf, sondern es könnte auch einen sehr förderlichen Einfluss auf Gesprächstherapien haben. Wenn Beschwerden und Schmerzen nach einer körperlichen Behandlung nachlassen, sind PatientInnen eher in der Lage, sich auf eine Gesprächstherapie einzulassen,

Darüber hinaus könnte der Therapieerfolg verbessert werden, wenn Körper und Psyche gleichermaßen Beachtung geschenkt werden würde und damit könnte eine Verbesserung auf beiden Ebenen nachhaltiger und effektiver sein. Für psychosomatische Erkrankungen, bei denen keine medizinische Ursache festgestellt werden konnte, zeigt diese Methode neben einer möglichen weiteren Erklärung für die Probleme – nämlich Verspannungen der Muskulatur und des Bindegewebes – eine neue und vielversprechende Behandlungsmöglichkeit auf.

1.2 Fragestellung

Die Fragestellung zu der vorliegenden Thesis lautet folgendermaßen: „Welche Auswirkungen hat die Behandlung von Verspannungen bei psychischen und psychosomatischen Problemen?".

Dabei soll vor allem untersucht werden, ob die Behandlung von Verspannungen zu einer Besserung der psychischen oder psychosomatischen Problematik führt und wenn ja, in welchem Ausmaß und in welcher Art und Weise dies geschieht. Außerdem soll herausgefunden werden, ob es einen direkten Zusammenhang zwischen Verspannungen und psychischen Problemen gibt und ob bei psychischen Erkrankungen Verspannungen generell Teil des Erscheinungsbildes sind. Interessant ist dabei auch, ob es einen Zusammenhang zwischen Verspannungen einer speziellen Körperregion und spezifischen psychischen Problemen gibt, sodass ein Muster von körperlichen Reaktionen und bestimmten psychischen Gegebenheiten erkennbar werden könnte.

Besonders spannend ist die Vorstellung, dass ein Auflösen von Verspannungen zu einer Auflösung von psychischen Problemen und Blockaden führen könnte. Wenn diese Hypothese zum Teil oder ganz bestätigt werden sollte, dann könnten sich daraus ganz neue Wege und Möglichkeiten für die Therapie von psychischen Problemen ergeben. Die daran anschließende Frage würde dann lauten:

„Inwieweit lassen sich psychische Probleme durch die Behandlung von Verspannungen therapieren?", die in dieser Arbeit als Hintergrundidee mitschwingt.

1.3 Aufbau der Arbeit

Zunächst wird der aktuelle Forschungsstand zum Thema Körperpsychotherapien dargestellt. Dabei werden zwei Studien zu Körpertherapien vorgestellt sowie der neuropsychologische Forschungsstand aufgezeigt. Anschließend folgt der theoretische Hintergrund mit einer kurzen Einleitung zur Entstehung von Gefühlen und der dabei involvierten Rolle des Körpers. Danach erfolgt eine Erklärung des Begriffes „psychosomatisch" bevor es zur historischen Abhandlung des Themas kommt. Hier werden vor allem Wilhelm Reich und seine Ansichten und Theorien vorgestellt.

Es folgt der Übergang zur heutigen Zeit und zu der Arbeit von Helga Pohl, wobei die sensomotorische Körpertherapie und ihr Vorgehen dem Thema der vorgelegten Arbeit entsprechend ausführlich behandelt werden. Daran schließt der Methodenteil an, in dem auf das qualitative Design, die Gütekriterien, das Experteninterview sowie auf die Wahl eines Leitfadeninterviews eingegangen wird. Die Methode der Auswertung – die Kernsatzmethode – wird abschließend vorgestellt, bevor es zu dem Ergebnisteil kommt, in dem die vier aus der Analyse der Interviews ermittelten Erfahrungsdimensionen vorgestellt werden. Im Folgenden werden die Ergebnisse dann auf dem Hintergrund der theoretischen Kenntnisse diskutiert und miteinander verknüpft. Anschließend erfolgt die Rollen- und Methodenreflexion, in der die Rolle der Forschenden während der Forschung transparent gemacht und kritisch hinterfragt wird, sowie die Reflexion der gewählten wissenschaftlichen Methoden. Zum Schluss wird neben dem Fazit ein Ausblick gegeben, der aus den Ergebnissen dieser Arbeit heraus aufzeigt, in welchen Bereichen es Bedarf an weitergehender Forschung gibt.

2 STAND DER FORSCHUNG

Der Zusammenhang zwischen Körper und Psyche wurde in den letzten Jahren vor allem auf dem Gebiet der Neuropsychologie weitergehend erforscht und man geht heutzutage von einem sehr engen Zusammenspiel dieser beiden Komponenten aus. Bauer schreibt dazu: „da alles, was wir geistig tun, seelisch fühlen und in Beziehungen gestalten, seinen Niederschlag in körperlichen Strukturen findet", mache weder eine Medizin, die sich nur auf den Körper konzentriert noch eine Psychologie, die nur die Seele behandelt, Sinn (Bauer, 2015, S.8). Auch Geuter (2006) schreibt, dass eine Psychotherapie ohne Einbezug des Körpers nicht mehr dem aktuellen wissenschaftlichen Stand entspricht (S.258).

Trotz dieser weitgehend akzeptierten Meinung fehlt noch immer eine Körperpsychotherapie, die als psychophysische Kommunikation zwischen Körper und Psyche fungiert. Dazu ist es notwendig, dass Therapeuten ihre Patienten auch manuell behandeln können, um neben den psychischen Problemen auch ihre körperlichen Beschwerden therapieren zu können. Diese Lücke versucht Dr. Pohl mit ihrer in dieser Arbeit vorgestellten Körpertherapie zu schließen, indem sie sowohl verbal als auch über den Körper mit ihren Patienten kommuniziert (Pohl, 2010, S.44).

Bezogen auf die Entdeckung von Helga Pohl, dass Verspannungen der Muskulatur oder des Bindegewebes oft Verursacher von körperlichen und Begleitsymptome von psychischen Problemen sind, gibt es weitere Studien, die sich mit diesen Verspannungen beschäftigt haben. Nach Pohl lassen sich an den problematischen oder schmerzenden Stellen sogenannte Triggerpunkte finden (Pohl, 2010, S. 50). Diese myofaszialen Triggerpunkte, auch MtrPs genannt, sind überempfindliche Stellen innerhalb eines verspannten Muskelfaserbündels des Skelettmuskels (Simons & Mense, 2003, S.419).

Die Autoren schreiben: „MtrPs werden häufig übersehen oder nicht ausreichend behandelt." (S.419), was sich mit der Aussage von Helga Pohl deckt, dass diese

Verspannungen in der klassischen medizinischen Untersuchung, bei der viel Wert auf technische Daten und Bilder gelegt wird, nicht erkannt werden. MtrPs können nur durch manuelle Untersuchungen entdeckt werden, denn es gibt für eine Diagnose dieser Art von Verspannungen momentan noch keine anderen geeigneten Verfahren. Da der manuellen Vorgehensweise häufig vorgeworfen wird zu subjektiv und abhängig von dem/der Behandelnden zu ein, wird deren Glaubwürdigkeit oft infrage gestellt (Simons & Mense, 2003, S.419). Es wird weiterhin beschrieben, dass MtrPs sehr häufig vorkommen, aber dass ihnen trotzdem wenig Beachtung geschenkt wird, sowohl bei medizinischen Untersuchungen als auch in der Forschung. So waren bei 30% der PatientInnen, die eine Allgemeinpraxis aufsuchten, MtrPs die Hauptursache und bei 85% der PatientInnen, die sich an ein Schmerzzentrum wandten (Simons & Mense, 2003, S.419).

Leider gibt es bis heute keine Studien, die den Zusammenhang von MtrPs und deren Auswirkungen auf das psychische Wohlbefinden thematisieren. Verspannungen und Triggerpunkte werden momentan als rein körperliche Phänomene angesehen und als solche auch erforscht und behandelt. Auch die Körpertherapie von Dr. Helga Pohl ist momentan noch nicht empirisch abgesichert worden, sodass keine objektiven Aussagen über den Erfolg oder die Behandlungsergebnisse vorliegen.

Deswegen werden im Folgenden zwei Studien vorgestellt, die Körpertherapien im Allgemeinen untersucht haben:

Eine Studie von Monsen und Monsen (2000) untersuchte die Auswirkungen einer Körperpsychotherapie (KPT) bei 40 PatientInnen mit chronischen Schmerzen. 20 PatientInnen erhielten eine psychodynamisch orientierte Körperpsychotherapie in 33 Sitzungen, die anderen 20 PatientInnen wurden mit Physiotherapie, Analgetika und Beratungsgesprächen oder ohne Therapie behandelt. Nach der Therapie sowie katamnestisch waren die Symptome bei der KPT- Gruppe stärker zurückgegangen als bei der Kontrollgruppe. Bei der KPT-Gruppe war die Hälfte der Gruppe sogar schmerzfrei und auch die Werte für Depression und Ängstlichkeit waren deutlich verbessert (Loew, Lahmann, Tritt & Röhricht, 2006, S.10).

Eine weitere Studie aus dem Jahre 2006 untersuchte die Wirksamkeit von ambulanten Körperpsychotherapien. An der Multizenterstudie nahmen acht Institute aus Deutschland und der Schweiz teil, die der European Association for Body Psychotherapy (EABP) angehören. Die PatientInnen wurden zu unterschiedlichen Zeitpunkten befragt: zu Therapiebeginn, 6 Monate nach Therapiebeginn und zum Therapieende (spätestens nach 2 Jahren). Insgesamt nahmen n= 342 Patienten an der Studie teil. Die TherapeutInnen arbeiteten jeweils nach der an ihrem Institut gelehrten Methode. Die Datenerhebung fand im Zeitraum von 1998-2005 statt.

Nach einem halben Jahr lag bei den PatientInnen (n=253) eine signifikante Verbesserung ihrer Symptomatik vor, nach Behandlungsende (n=160) wurden große Effekte in allen Skalen erreicht. Die Katamnese nach einem Jahr (n=42) zeigte, dass neben der Symptomreduktion auch der allgemeine Zustand der PatientInnen stabil geblieben war (Koemeda- Lutz et al, 2006, S.1). Zu beachten ist hierbei jedoch die deutliche Abnahme der Patientenzahlen während des Forschungszeitraums.

Während des ersten halben Jahres gab es vor allem für die Reduktion der Symptome Angst, Depressivität, allgemeine Symptombelastung, körperliche und interpersonale Probleme signifikante Werte während gleichzeitig die Werte für die Selbstwirksamkeitserwartung signifikant gesteigert wurden (Koemeda-Lutz et al., 2006, S.7, S.8).

Die klinisch relevanten Angstsymptome verringerten sich von 70% bei Therapiebeginn auf 41% nach zwei Jahren. Die klinisch relevante Depressivität konnte von 35% auf 5,8% reduziert werden. Bei den psychosomatischen Beschwerden konnte die Symptomatik, die bei 88% der PatientInnen auffallend war, auf 34% der PatientInnen reduziert werden und bei den interpersonalen Problemen, bei denen anfangs 29% auffällige Werte erreicht hatten, waren es nach 2 Jahren nur noch 10% (Koemeda-Lutz et al., 2006, S.9).

Diese Studien zeigen, dass die untersuchten Körperpsychotherapien sowohl bei körperlichen als auch bei psychischen Problemen wirksam waren. Diese empirische Feststellung wird im Weiteren theoretisch fundiert und die Verbindung zwischen Körper und Psyche weiter untersucht. Dabei spielen vor allem auch neuronale Erkenntnisse eine Rolle, weshalb der folgende Teil den aktuellen Stand der Forschung auf diesem Gebiet wiederspiegelt.

Einen wichtigen Ansatz der Körperpsychotherapie behandelt Geuter. Er bezeichnet den Körper „als Organ des Fühlens" (Geuter, 2006, S.258) und stellt somit eine Verbindung zwischen Körper und Psyche her. Um in einer Psychotherapie eine Veränderung zu erreichen, braucht es eine hohe emotionale Beteiligung (Geuter, 2006, S.258). Dies sei für neuronale Umstrukturierungen wichtig, da ein hohes Erregungsniveau für derartige Veränderungen notwendig sei (Geuter, 2006, S.261).

Bezogen auf die Rolle, die die Neurowissenschaften für die Körperpsychotherapie spielt, schreibt Gottwald (2005), dass alte Erfahrungen am besten organisch beeinflusst werden können, wenn diese möglichst spezifisch und auf möglichst vielen verschiedenen Kanälen – motorisch, sensorisch und affektiv - erneut evoziert werden, um die dazugehörigen neuronalen Muster verändern zu können (S.167). Dies zeigt, dass der motorische und der sensorische Anteil genauso einflussreich ist wie die affektive Beteiligung von Erfahrungen. Neue Erfahrungen können dabei die neuronalen Muster erweitern und verändern. Dies kann mithilfe von Körperübungen oder durch Massagen erreicht werden - der leichtere Weg sei der, bei dem körperlicher Kontakt zu einem anderen Menschen hergestellt wird (Gottwald, 2005, S. 168f).

Passend zu Damasios „interozeptiven Sinn", also der Innenwahrnehmung des Körpers, schreiben Ansermet und Magistretti (2005), dass zu jeder Wahrnehmung der

Außenwelt ein innerlicher körperlicher Zustand wahrgenommen wird (S.126). Wenn die äußere Wahrnehmung mit weiteren Assoziationen verknüpft wird, wird immer auch der körperliche Zustand mit diesen Assoziationen verbunden (Ansermet & Magistretti, 2005, S.125f). Dadurch können auch frühkindliche Erfahrungen Auswirkungen auf das heutige Leben haben, wenn ein körperlicher Zustand von damals durch eine bestimmte Assoziation hervorgerufen wird und dann Auswirkungen auf die Gegenwart hat (Ansermet & Magistretti, 2005, S.143).

Diese Ansätze zeigen, dass die „körperliche Wahrnehmung ein essenzieller Weg zur Erschließung der inneren Wirklichkeit und zu einer differenzierten Gefühlswahrnehmung" (Geuter, 2006, S.259) ist. Damit wird der Körper gleichberechtigt mit dem gesprochenen Wort gesetzt und es wird gezeigt, dass der Körper nicht länger aus den allgemeinen Überlegungen und Methoden herausgehalten werden kann (Klopstech, 2005 zitiert nach Geuter, 2006, S.259f).

Außerdem ist es eine Frage der Perspektive, aus welcher das menschliche Erleben angeschaut wird: so kann es aus psychologischer, neurobiologischer, physiologischer oder motorischer Perspektive betrachtet und verstanden werden, doch „als Erleben ist es ohnehin immer untrennbar" (Geuter, 2006, S.264). Ein Symptom kann also nicht entweder als physisch oder psychisch betrachtet werden, sondern jede menschliche Erfahrung besteht immer aus beiden Anteilen (Gendlin, 1998, S.291). Dem Psychotherapeuten sind deswegen beide Möglichkeiten gegeben – der Weg über die Sprache und der Weg über den Körper. Körperpsychotherapien verbinden diese beiden Anteile bereits und versuchen die sonst häufig getrennt wahrgenommenen Aspekte miteinander zu verknüpfen (Geuter, 2006, S. 264).

3 THEORETISCHER HINTERGRUND

3.1 Entstehung von Gefühlen

Die Vorstellung, dass physiologische Veränderungen des Körpers die Grundlage von Gefühlen seien, ist schon früh entwickelt worden. So entwickelten James (1884) und Lange (1885) unabhängig voneinander eine Theorie der Gefühle, die diesen Ansatz vertrat. Bis dahin galt die allgemeine Vorstellung, dass Reize zunächst geistig verarbeitet werden würden, was dann körperliche Veränderungen nach sich ziehe. Laut der Theorie der beiden Psychologen entstand nun das Gefühl als Folge der physiologischen Erregung. Während Lange seine Theorie vor allem auf die Organe beschränkte, sah James den ganzen Körper als wichtig für die Gefühlsentstehung an. Er verknüpfte dabei außerdem emotionale und kognitive Komponenten miteinander, indem er zusätzlich zum Körper Bewusstseinsprozesse mit in seine Theorie der Gefühle einbezog (Anacker, 2013, S.181).

Die Basis von Gefühlen ist laut Pohl die Somatosensorik, also die Körpersinnesempfindung, die selten bewusst wahrgenommen wird (Pohl, 2010, S.79, S.89). Viele Sinnesorgane der Somatosensorik sitzen im Bindegewebe, in der Haut, den Muskeln und in Sehnen und Gelenken und bilden ein körperweites Netzwerk (Pohl, 2010, S. 79, S.69-70), das wichtig für die Steuerung der Bewegung und des Handelns ist. Gefühle werden demnach im Körper wahrgenommen und nicht erst im Gehirn – dieses interpretiert zwar den ankommenden Reiz und bewertet diesen, doch die Wahrnehmung findet bereits im Körper statt (Pohl, 2010, S.89). Auch hier wird der enge Zusammenhang von Körper und Psyche deutlich, sodass beide Komponenten auch entscheidend bei der Entstehung von Gefühlen beteiligt sind.

3.2 Diagnose Psychosomatisch

Der Begriff „psychosomatisch" beschreibt das Zusammenspiel von körperlichen und seelischen Prozessen. Das Wort setzt sich aus dem griechischen Wort „psyche" (Seele) und „soma" (Körper) zusammen. Jede Reaktion ist an sich psychosomatisch, denn der Mensch reagiert immer sowohl körperlich als auch seelisch. Eine psychosomatische Krankheit oder Störung hingegen beschreibt eine pathologische Auswirkung dieses Wechselspiels, „nämlich das Zusammenwirken körperlicher und psychischer Faktoren hinsichtlich der Entstehung und des Verlaufs von Krankheiten." (Morschitzky & Sator, 2009, S.13).

Die Diagnose „psychosomatisch" gilt heute als eine der am häufigsten gestellten medizinischen Diagnosen (Pohl, 2005, S. 29; Robert Koch-Institut, 2008, S.9). Psychosomatische PatientInnen haben dabei körperliche Schmerzen, deren Ursache jedoch in der medizinischen Untersuchung nicht festgestellt werden kann. Sie suchen verschiedene Ärzte auf, um einen Befund zu erhalten, der diese Schmerzen erklären kann. Allerdings sind diese Versuche meist nicht erfolgreich, sodass eine Art „doctor-hopping" entsteht, bei dem die Patienten teils jahrelang von einem Arzt zum nächsten laufen, um ihre Beschwerden aufklären zu lassen (Pohl, 2010, S.29). Viele PatientInnen hoffen auf einen organischen Befund, um ihr Leiden verstehen, erklären und behandeln zu können. Sie leiden massiv unter den körperlichen Schmerzen, sie haben Angst und sind wütend und verzweifelt über ihre „unerklärlichen" Beschwerden (Pohl, 2010, S.35).

Die im ICD-10 als somatoforme Störungen bezeichneten Beschwerden haben neben dem gravierenden Leidensdruck der PatientInnen weitere schwerwiegende Folgen: So kommen hohe medizinische und volkswirtschaftliche Kosten auf, da viele Krankmeldungen und intensive medizinische Untersuchungen durch Patienten mit psychosomatischen Problemen in Anspruch genommen werden (Pohl, 2010, S.30).

Die Diagnose „psychosomatisch" wird mittlerweile häufig schon nach der ersten Routineuntersuchung gestellt, wenn in dieser kein eindeutiger Befund gefunden werden konnte (Pohl, 2010, S.31). Sie wird von vielen PatientInnen als stigmatisierend und belastend empfunden, da ihre Beschwerden als „rein" psychisch abgetan werden und sie für die PatientInnen die Ratlosigkeit und das Unwissen der Fachleuchte symbolisiert.

Psychoanalytisch gesehen wird eine sogenannte organische Fixierung, wie sie mit psychosomatischen Störungen oft assoziiert wird, als seelischer Abwehrvorgang angesehen (Pohl, 2010, S.32). Dabei wird der Begriff „psychosomatisch" oft mit dem Begriff „psychogen" gleichgesetzt, da in der Psychoanalyse von einem Ursache-Wirkung-Prinzip zwischen Körper und Seele ausgegangen wird (Morschitzky & Sator, 2009, S.16). Diese Ansicht wird aber immer häufiger als veraltet angesehen, denn psychosomatische Prozesse werden heute „im Sinne einer Wechselwirkung auf der Basis eines multifaktoriellen Bedingungsgefüges" (Morschitzky & Sator, 2009, S.16) betrachtet.

Anschaulich wird diese Sichtweise auch durch das biopsychosoziale Krankheitsmodell von Georg Engel, das zurzeit als führendes Erklärungsmodell für viele psychische und psychosomatische Störungen gilt. Dabei werden die drei Faktoren Körper, Psyche und die soziale Situation im Wechselspiel miteinander betrachtet. Gleichzeitig wird dadurch eine ganzheitliche Sichtweise auf die Bedingungsfaktoren und die Aufrechterhaltung einer Störung ermöglicht (Morschitzky & Sator, 2009, S.16):

„Psychologische Erklärungsmodelle für nichtorganische Schmerzen in verschiedenen Körperregionen beruhen gewöhnlich auf der Annahme einer chronischen muskulären Verspannung als Folge von Stress oder Ärger und bestimmten psychischen und psychosozialen Faktoren." (Morschitzky & Sator, 2009, S.223). Dabei wird die Tatsache berücksichtigt, dass bei Schmerzen die betroffenen Muskeln reflexartig angespannt werden, was wiederum zu neuen Schmerzen führt. So entsteht ein Teufelskreis, der nur schwer von den Betroffenen selbst durchbrochen werden kann (Morschitzky & Sator, 2009, S.223). Dafür sind Therapien, wie die sensomotorische Körpertherapie, notwendig, um den PatientInnen aus dieser Spirale von Schmerzen, Wut und Verzweiflung heraus zu helfen.

3.3 Wilhelm Reich

Wilhelm Reich gilt als einer der Mitbegründer der Körperpsychotherapie. Ausgehend von der Psychoanalyse entwickelte er die Vegetotherapie, die später in Orgontherapie umbenannt wurde. Er stellte fest, dass viele Menschen besser über körperliche Behandlungen zu erreichen waren als über verbale Interventionen (Buhl, 2010, S.161).

Die Orgonmedizin basiert auf der Annahme, dass „eine selbst regulierende, vitale Lebenskraft (gr. „pneuma") an allen lebendigen Vorgängen beteiligt ist und die Grundlage von Gesundheit bildet." (Buhl, 2010, S.156). Diese Lebenskraft bezeichnete Reich als „Orgonenergie". Wird der Fluss dieser Energie gestört, so gerät die Emotionalität in ein Ungleichgewicht und es wird versucht die Gefühle durch Selbstbeherrschung zu kontrollieren. Dadurch kommt es zu emotionalen Blockaden und dauerhaften Verspannungen der Muskulatur, denn „diese Gefühlskontrolle ist identisch mit chronifizierten Dauerspannungen im Muskel" (Buhl, 2010, S.156). Als Folge dieser Anspannungen entsteht der von Reich beschriebene „Muskelpanzer". Die Verspannungen selbst haben einen negativen Einfluss auf das vegetative System des Körpers, indem dem Gehirn negative Signale über die Nervenbahnen gesendet werden und dieses versucht darauf zu reagieren. Dadurch kann es zu Beeinträchtigungen der inneren Organe, Drüsen und der Hormonausschüttung kommen, die zu somatischen Erkrankungen führen (Buhl, 2010, S.156).

In seinem Werk „Charakteranalyse" von 1989 beschrieb Reich als erster den Begriff des „Muskelpanzers", der das körperliche Pendant zur Charakterabwehr darstellt. Reich schreibt schon früher, dass man „der Funktion der Panzerung auch in Gestalt chronischer, wie erstarrter muskulärer Haltungen" begegnet (Reich, 1970, S. 344). So werden Gefühle nicht nur psychisch verdrängt und unterdrückt, sondern auch körperlich finden diese in der Körperhaltung und der muskulären sowie vegetativen Spannung ihren Ausdruck. Er sah so auch psychosomatische Beschwerden als Teil dieses Abwehrmechanismus an (Thielen, 2010, S.10).

Reichs Idee war folgende: wenn man diese körperliche Panzerung bzw. Blockaden in Form von Verspannungen der Muskeln sowie des Bindegewebes auflöste, dann konnten die unterdrückten Gefühle freigesetzt und mit ihnen die im Körper aufgestaute Energie entladen werden. Dazu entwickelte er eine Methode, bei der der/die PatientIn durch vertiefte Atmung und der/die TherapeutIn durch manuelle Behandlung zur Lockerung und Lösung der Verspannungen beitrug. Reich schreibt dazu: „Jede Heilung zeigt sich direkt durch ‚Lockerung' bzw. Straffung des muskulären Habitus an." (1970, S. 347). Ziel dieser Behandlungsform war die Befreiung aus inneren oder äußeren Zwängen, die entweder als kathartische Reaktion oder als sanfte Auflösung der Panzerung über Gespräch, Berührungen und Massagebehandlungen erfolgen sollte (Grossmann, 2010, S.348).

Diagnostisch wird auch heute noch vor allem über Beobachtungen und manuelle Verfahren in der Orgonmedizin vorgegangen. Der/die TherapeutIn lässt sich von dem/der PatientIn genau beschreiben, was diese/r fühlt, worunter er/sie leidet und vor allem an welcher Körperstelle er/sie Beschwerden empfindet. Dazu kommen außerdem die manuelle Untersuchung des Muskeltonus und des Bindegewebes sowie die Reaktion auf eine vertiefte Atmung.

Eine ähnliche Verfahrensweise verfolgt Helga Pohl bei ihrer sensomotorischen Körpertherapie, die im Folgenden ausführlich vorgestellt wird.

3.4 Sensomotorische Körpertherapie

Die sensomotorische Körpertherapie von Dr. Pohl richtet sich vor allem an Menschen mit Beschwerden oder Schmerzen, für die nach gründlicher medizinischer Untersuchung keine Ursache gefunden wurde. Sie behandelt neben den klassischen Beschwerden wie

Rücken-, Nacken und Kopfschmerzen auch Schluck- und Atembeschwerden sowie Herz-, Magen-, Darm- und Blasenprobleme. Zu ihrem Behandlungsspektrum zählen außerdem chronischer Schwindel, Tinnitus und Missempfindungen, aber auch psychische Erkrankungen wie Ängste, Depressionen, Burn-out und Erschöpfungssyndrome (Pohl, 2010, S.9).

Viele ihrer PatientInnen kommen nach einer gründlichen medizinischen Voruntersuchung mit der Diagnose „rein psychosomatisch" in ihre Behandlung, da keine körperliche Ursache gefunden werden konnte. Oft wurden schon zahlreiche Therapien medizinischer, psychologischer oder auch esoterischer Art ausprobiert, meistens jedoch ohne Erfolg (Pohl, 2010, S.10).

Durch ihre Arbeit und Erfahrungen mit der Körpertherapie hat Pohl eine neue und andere Sicht als ihre frühere, psychoanalytische Sichtweise auf Beschwerden dieser Art entwickelt, sodass sie ihnen keine symbolische Bedeutung mehr zuschreibt, sondern sie als rein körperliche Beschwerden versteht, die durch Dauerkontraktionen ausgelöst werden (Pohl, 2010, S.34). Bei fast allen Patienten finden sich laut Pohl Muskelgruppen, die ständig angespannt sind und festgehalten werden (2010, S.21). Dies geschieht unbewusst, denn Teile des Gehirns, die dem Bewusstsein nicht zugänglich sind, sind für diese Art der Verspannung verantwortlich. Pohl erwähnt dabei den Begriff „Sensomotorische Amnesie" des sensomotorischen Kortex, der für das bewusste Bewegen und Spüren zuständig ist. Diese „Amnesie" beschreibt das Phänomen, dass der bewusste Teil des Gehirns nicht mehr in der Lage ist zu erinnern, wie sich betroffene Muskeln anfühlen und bewegen lassen.

Das heißt auch, dass Verspannungen nicht mehr bemerkt werden und infolgedessen PatientInnen diese auch nicht mehr bewusst lösen können. Dazu braucht es die Arbeit mit den Therapeuten sowie spezielle Übungen, die den Patienten dabei helfen sollen, die Verspannungen aufzulösen (Pohl, 2010, S.19). Diese sensomotorische Amnesie kann während der Therapie oft innerhalb von Minuten aufgelöst werden (Pohl, 2010, S.60). Pohl schreibt, dass viele ihrer PatientInnen eine verzogene und schiefe Haltung haben, die sie früher bei ihrer psychoanalytischen Arbeit auf innere Befindlichkeiten geschoben hätte. Durch die Arbeit mit dem Körper kam jedoch die Vermutung auf, dass diese innere Befindlichkeit eher von körperlichen Fehlhaltungen und Problemen herrühren könnte (Pohl, 2010, S.22). An diesem Punkt verschob sich ihre Sicht auf das UrsacheWirkung-Prinzip von Körper und Psyche. In ihrer psychoanalytischen Arbeit hatte sie stets die Psyche als Ursache für alle weiteren Probleme angesehen, doch nun stand der Körper mit seinen Befindlichkeiten in ihrem Fokus. Wenn es dem Körper aufgrund von Fehlhaltungen und schlechter Behandlung nicht gut ginge, dann könnte als Konsequenz die Psyche darauf reagieren und psychische Probleme könnten die Folge körperlicher Beschwerden sein.

Diese Vermutung spiegelt sich auch in den Erfahrungen ihrer therapeutischen Arbeit wider: sie schreibt, dass bei vielen PatientInnen eine deutliche Verbesserung der psychischen Befindlichkeit nach der Therapie festgestellt werden konnte (Pohl, 2010, S.23). Außerdem konnte sie auch bei „rein" psychischen Störungen wie Depressionen und

Ängsten und sogar bei einer magersüchtigen Patientin deutlich positive Veränderung im Laufe der Therapie beobachten. Auch bei Störungen, bei denen sie sich selbst nicht sicher war, ob ihre Behandlung Erfolg haben könnte – bei einer Patientin mit Konzentrationsstörungen und einer schwerhörigen Patientin – stellte sie Verbesserungen fest, nachdem sie deren Verspannungen aufgelöst hatte. Diese Erfahrungen führten zu der Überzeugung, dass die Beziehung zwischen Körper, Gefühl und Gehirn viel unmittelbarer als bisher angenommen sei (Pohl, 2010, S.24).

Generell kritisiert Pohl, dass das kulturelle Denken hinsichtlich der Medizin hierzulande zu statisch sei und der Mensch eher in Einzelteilen als eine lebendige Funktionseinheit angesehen wird, die in der Lage ist, sich selbst zu organisieren (Pohl, 2010, S.26). Sie fordert eine ganzheitliche Betrachtung des Menschen und des Körpers und sie verwirft die Trennung in Körper und Seele genauso wie eine in Medizin und Psychologie (Pohl, 2010, S.27). Dazu gehört ihrer Meinung nach auch, dass in einer Therapie wieder körperlicher Kontakt zwischen den Therapeuten und den Patienten erlaubt werden muss, ohne dass dieser sofort als sexueller Übergriff stigmatisiert wird. Sie beschreibt, dass die Psychoanalyse körperlichen Kontakt innerhalb einer Therapie als Kunstfehler verurteilt, was für ihre Art der Behandlung jedoch fatal ist, da die manuelle Untersuchung bis jetzt die einzige Möglichkeit ist körperliche Verspannungen zu entdecken (Pohl, 2010, S.22). Die manuelle Behandlung gilt heutzutage jedoch als überholt und unwissenschaftlich, da die klassische medizinische Untersuchung auf sogenannten objektiven Daten durch Messungen mit Geräten und Maschinen wie Ultraschall, Röntgen oder Magnetresonanz-Tomografie vertraut. Früher wurde der manuellen Behandlungsweise deutlich mehr Beachtung geschenkt, allerdings gingen die damals gewonnenen Erfahrungen und Erkenntnisse im Laufe der Technisierung der Medizin verloren und es kam zu einer verkopften Sicht auf die Dinge, vor allem in der Psychoanalyse. Erst durch neue wissenschaftliche Erkenntnisse von Neurobiologie und Psycho-Neuro-Endokrinologie wird der Zusammenhang von Körper und Psyche neu überdacht. Trotzdem fehlt noch immer eine Körperpsychotherapie, die als psychophysische Kommunikation zwischen Therapeuten und Patienten fungiert (Pohl, 2010, S.44). Dazu müssen Therapeuten ihre Patienten jedoch wieder manuell untersuchen können, um Verspannungen entdecken und auflösen zu können.

3.5 Vorgehensweise der sensomotorischen Körpertherapie

Beim diagnostischen Vorgehen setzt Pohl auf unkonventionelle Methoden: Sie beobachtet zunächst genau die Bewegungsmuster ihrer PatientInnen und ihre Bewegungseinschränkungen und schaut sich dabei auch das Verhalten in alltäglichen Situationen wie bei der Hausarbeit, im Garten oder bei der Ausführung der Freizeitaktivitäten ihrer PatientInnen an (Pohl, 2010, S.57). Danach ahmt sie die Fehlhaltungen ihrer PatientInnen nach, um ihnen ihre unbewussten Gewohnheiten und Fehlhaltungen aufzuzeigen (Pohl, 2010, S.66). Zur manuellen Untersuchung gehört vor allem die Überprüfung des Bindegewebes und der Muskulatur, um einen Überblick über die problematischen körperlichen Stellen zu erhalten (Pohl, 2010, S.70).

Bei der therapeutischen Behandlung selbst sprechen die PatientInnen vor allem am Anfang fast ausschließlich über ihre Schmerzen und Beschwerden (Pohl, 2010, S.45). Nach und nach erzählen viele aber von sich aus, dass es bestimmte psychische Belastungsfaktoren gibt, bei denen die Beschwerden zunehmen (Pohl, 2010, S.47). Das deutet auf eine Verbindung von psychischen und körperlichen Aspekten hin. Von ihren PatientInnen lässt sich Pohl die kritischen Körperbereiche zeigen, wie z.B. einen schmerzenden Punkt oder den Ort, an dem ein Patient Angst im Körper empfindet (Pohl, 2010, S.48). An diesen Stellen ist laut Pohl immer eine Verhärtung zu finden, die bei der klassischen medizinischen Untersuchung nicht entdeckt wird, weil sie nur manuell zu ertasten ist. Diese strukturellen Verhärtungen sind sogenannte Triggerpunkte, wie sie von Travell und Simons 1983 benannt wurden. Diese sind nicht nur bei körperlichen Beschwerden, sondern unter anderem auch bei Gefühlen wie Angst und Bedrückung zu finden (Pohl, 2010, S.51).

Pohl schreibt dazu, dass in der westlichen Gesellschaft Seele und Gefühle im Körper verorten werden und deswegen die Vorstellung vorherrscht, dass diese auch nur dort drinnen „sitzen". Allerdings ist die äußerliche Behandlung von Angst und Bedrückung sehr erfolgreich, denn diese „inneren Empfindungen verschwinden mit [den] körperlichen Veränderungen" (Pohl, 2010, S. 54). Diese Fixierung der Medizin und auch der Psychologie auf das Innere des Körpers ist laut Pohl problematisch, denn viele Beschwerden gehen von der Körperperipherie aus (Pohl, 2010, S.54). So finden sich auch bei vielen Missempfindungen und Körpergefühlsstörungen, die als „rein" psychisch angesehen werden - wie Gefühle der Leere, Ängste oder Unwirklichkeitsgefühle - Verspannungen des Bindegewebes. (Pohl, 2010, S.68, S. 70-71).

Die direkte Behandlung der sensomotorischen Körpertherapie besteht aus fünf Einheiten:

1. Pandiculations nach Thomas Hanna
2. Triggerpunktbehandlung mit Bewegung
3. Manuelle Bindegewebsbehandlung der Haut und Unterhaut
4. Sensomotorische Übungen
5. Körperbewusstseinstraining

Diese fünf Einheiten bilden zusammen ein Gesamtkonzept, das versucht, über möglichst viele verschiedene Methoden die Beschwerden zu behandeln.

Die Pandiculations von Thomas Hanna sind „Bewegungen mit genialem natürlichem Biofeedback" (Pohl, 2010, S.129). Dabei werden die verkürzten Muskeln angespannt und langsam wieder entspannt, bis sie lockerer werden. Die Bewegung geht dazu in die Fehlhaltung hinein - damit nicht noch mehr Gegendruck aufgebaut wird - während der/die TherapeutIn mit den Händen dagegenhält und den Druck dann langsam zurücknimmt (Pohl, 2010, S.130). Dadurch findet aktives Lernen statt und es wird kein Gefahr-Signal ausgelöst, da die Bewegung nicht gegen die Fehlhaltung (wie beim Dehnen), sondern in diese hinein geht. Gleichzeitig wird ein sensorisches Feedback an das Gehirn gesendet, da es die Bewegung lange nicht mehr wahrgenommen hat und diese als etwas Neues bewertet wird. Am Ende wird das betroffene Körperteil dann in die gegenteilige Richtung gegen die Hand des/der TherapeutIn gedrückt, um einen „orientierungsfördernden Gegendruck" (Pohl, 2010, S.130) zu ermöglichen. Durch diese Übungen findet die betroffene Stelle langsam in ihre natürliche Position zurück und die PatientInnen können die eigene Muskulatur wieder fühlen und selbst steuern. Dadurch „entsteht Bewegungsfreude wie bei einem Kind, das entdeckt, was es mit seinem Körper alles anstellen kann." (Pohl, 2010, S. 131).

Als nächster Schritt wird die Triggerpunktbehandlung mit Bewegung durchgeführt. Dabei drückt der/die TherapeutIn seine Finger mit einem bestimmten Druck auf die betroffenen Stellen, während der/die PatientIn gleichzeitig die Muskeln langsam bewegt. Das ist am Anfang oft schmerzhaft, doch dieser Schmerz kann meistens recht schnell aufgelöst werden. Durch diese Behandlung werden die Muskeln von der Verspannung freigelegt und die Wahrnehmung für den Muskel kommt zurück (Pohl, 2010, S.131).

Anschließend an die Triggerpunktbehandlung findet die manuelle Bindegewebsbehandlung der Haut und Unterhaut statt. Dabei wird das verfestigte Bindegewebe auf den Muskeln behandelt, indem mit „kleinen drückenden und rollenden Bewegungen zwischen den Fingern" (Pohl, 2010, S.132) gearbeitet wird. Dabei lösen sich vor allem die Körpergefühlsstörungen der PatientInnen auf.

Als vorletzten Behandlungsschritt werden die sensomotorischen Übungen vorgestellt - das sind speziell an die Patienten angepasste Übungen, die langsam und sehr bewusst durchgeführt werden sollen. Diese sollen die Patienten auch eigenständig zu Hause durchführen. Die Vorgehensweise der Anspannung und Entspannung entspricht dabei denen der Pandiculations (Pohl, 2010, S.133).

Zuletzt wird ein Körperbewusstseinstraining durchgeführt, das „Kernstück der sensomotorischen Körpertherapie" (Pohl, 2010, S.133). Dabei wird den PatientInnen ihre Fehlhaltungen und Bewegungen im Spiegel, auf Fotos und durch Imitation (Pohl,

2010, S.134) gezeigt und dadurch bewusst gemacht, und sie werden über die betroffenen Muskeln und Verspannungen aufgeklärt. Auch während der manuellen Behandlungen wird durch

Rückfragen über das Befinden und die Wahrnehmung der betroffenen Körperstelle die Aufmerksamkeit auf die Körperwahrnehmung gelenkt. Trotzdem ist das eigentliche Körperbewusstseinstraining erst nach der manuellen Behandlung sinnvoll, da vorher kein bewusstes Spüren aufgrund der sensomotorischen Amnesie möglich ist. Neben dem Aufzeigen der Gewohnheiten bekommen die PatientInnen die Aufgabe sich selbst im Alltag zu beobachten, um so Spannungsmuster im Alltag zu identifizieren und sich diese bewusst zu machen (Pohl, 2010, S.135). Dieses Training ist sehr wichtig, da es den/die PatientIn selbstständig und unabhängig von dem/der TherapeutIn macht und er/sie sich selbst dabei überprüfen kann, nicht in alte Gewohnheiten zurückzufallen (Pohl, 2010, S.140).

„Durch diese Methodenkombination lösen sich Dauerkontraktionen auf und entstehen auch nicht wieder. Chronische Schmerzen und andere Beschwerden verschwinden ebenso wie die negativen Erwartungen und das negative Körpergedächtnis" (Pohl, 2010, S.137). Durch die individuelle Behandlung der spezifischen problematischen Körperstellen, aber auch durch die Berücksichtigung des gesamten Körpers stellt diese Therapieform eine sowohl symptomatische als auch ganzheitliche Behandlungsform dar. Die Patienten fühlen sich nach der Behandlung oft wie befreit und bekommen neue Motivation und Lebenslust (Pohl, 2010, S.140).

4 METHODE

4.1 Qualitatives Forschungsdesign

Für die vorliegende Arbeit wurde als methodologische Grundlage ein qualitatives Forschungsdesign gewählt.

Die qualitative Sozialforschung beruht auf dem interpretativen Paradigma, das als theoretischer Hintergrund der qualitativen Forschung angesehen werden kann (Lamnek, 2005, S.34). Das interpretative Paradigma wurde 1973 von Wilson beschrieben und im Gegensatz zum normativen Paradigma konstituiert. Nach Matthes (1976) handelt es sich um eine grundlagentheoretische Position, bei der Interaktion als die „durch Kommunikation vermittelten wechselseitigen Beziehungen zwischen Personen und Gruppen und die daraus resultierende wechselseitige Beeinflussung ihrer Einstellungen, Erwartungen und Handlungen" verstanden wird (S.53). Die soziale Wirklichkeit wird dabei als Realität angesehen, die durch Interpretationen konstruiert wird. Gesellschaftliche Zusammenhänge werden so ebenfalls als Ergebnis dieses Interaktionsprozesses angesehen, der auf Interpretationen beruht, und können nicht objektiv und deduktiv erfasst werden (Lamnek, 2005, S.34). Das führt dazu, dass die Theoriebildung über soziale Wirklichkeit ein interpretatives Vorgehen fordert, nämlich einen rekonstruktiven Prozess (Lamnek, 2005, S.35).

Im Gegensatz dazu steht das normative Paradigma, das ein normatives Wirklichkeitsverständnis beschreibt. Demnach sind soziale Normen objektiv und von außen vorgegeben (Matthes, 1976, zitiert nach Lamnek, 2005, S. 34). Diese beruhen nicht auf Interpretationen und sind deshalb durch quantitative und standardisierte Forschungsmethoden zu erfassen.

Für die vorliegende Arbeit war die Interaktion zwischen den Körpertherapeutinnen und deren PatientInnen von großer Wichtigkeit, da nur über diese Kommunikation der/die TherapeutIn Rückmeldungen über seine/ihre Erfolge und Misserfolge erhalten kann. Diese Rückmeldungen werden von dem/der Therapeuten/in jedoch mithilfe seiner/ihrer Erfahrungen interpretiert und aufgenommen und der/die PatientIn wiederum interpretiert die Aussagen seines/ihres bzw. seiner/ihrer Therapeuten/in auf seine/ihre individuelle Art und Weise. Die soziale Wirklichkeit der sensomotorischen Körpertherapie beruht auf diesem Interaktions- und Interpretationsprozesses, weshalb das interpretative Paradigma als grundlegende theoretische Fundierung für diese Arbeit angesehen werden muss. Außerdem ging es in dem Forschungsprozess um die Interaktion zwischen den Therapeutinnen und der Interviewerin, denn anders hätte kein Informationsaustausch in dieser Art und Weise stattfinden können.

Die qualitative Sozialforschung beruht auf sechs zentralen Prinzipien, die im Folgenden kurz erläutert werden.

Das erste Prinzip ist das Prinzip der Offenheit, welches eine offene Grundhaltung gegenüber den Untersuchungspersonen, der Untersuchungssituation sowie gegenüber den verwendeten Methoden fordert. Dabei soll der „Wahrnehmungstrichter" (Lamnek, 2005, S.21) des/der Forschers/in möglichst offengehalten werden, um auch nicht erwartete und neue Informationen aufnehmen zu können. Der/die ForscherIn soll offen sein für diese neuen Entwicklungen während der Forschung. Außerdem soll das Prinzip der Offenheit dabei helfen möglichst wenige Informationen zu selektieren, wie es bei hochstandardisierten Methoden häufig der Fall ist (Lamnek, 2005, S.21). Im Laufe der durchgeführten Forschung und während der Interviews wurde immer wieder darauf geachtet, offen zu sein für neu aufkommende Themen oder Richtungen. Es wurden außerdem offene Fragen gestellt, um möglichst viel Raum für Antworten zu geben. Auch wurden zunächst alle Interviews vollständig transkribiert, um möglichst wenig Informationen im Vorfeld zu selektieren.

Das zweite Prinzip beschreibt die Forschung als einen Kommunikations- und Interpretationsprozess zwischen dem/der ForscherIn und dem Forschungsgegenstand. Dabei wird die Kommunikation nicht als Störvariable angesehen, sondern als ein wichtiges Merkmal der qualitativen Forschung (Lamnek, 2005, S.22). Die Kommunikation während der Interviews war das Grundgerüst dieser Forschungsarbeit und sie wurde als notwendiger Bestandteil der Forschung angesehen.

Das dritte Prinzip beinhaltet den Prozesscharakter von Forschung und Gegenstand. Es besagt, dass soziale Phänomene auf einer Prozesshaftigkeit beruhen, wodurch auch die Forschungssituation als auch der Forschungsgegenstand selbst einen Prozesscharakter erhalten. Ein wichtiges Ziel der Forschung ist „der Prozess der Reproduktion, Modifikation und Deutung von Handlungsmustern" (Lamnek, 2005, S.23). Durch diese wird die soziale Wirklichkeit konstruiert, weshalb sie analysiert und erklärt werden sollen. Die Verhaltensweisen und Aussagen der Untersuchten gelten somit als „prozesshafte Ausschnitte der Reproduktion und Konstruktion sozialer Realität" (Lamnek, 2005, S.23). Der Forschungsprozess der vorliegenden Arbeit kann als prozesshaft angesehen werden, da sich im Laufe der Beschäftigung mit der Thematik neue Fragen und Themen ergaben. Auch während der Interviews kamen neue Fragen auf und die Handlungsmuster der Therapeuten wurden untersucht und analysiert. Dabei wurden sie als Ausschnitte der sozialen Realität angesehen und als solche stellen sie die Reproduktion dieser Realität dar.

Das vierte Prinzip ist das Prinzip der Reflexivität von Gegenstand und Analyse. Dieses umfasst wiederum sowohl den Forschungsprozess als auch den Forschungsgegenstand selbst: „Bei der Analyse nimmt das Reflexivitätsprinzip die Form einer Forderung an." (Lamnek, 2005, S.23) während es auf den Gegenstand bezogen dem interpretativen Paradigma folgt. Demnach sind die Bedeutungen menschlichen Verhaltens reflexiv und kontextgebunden. Da jede Bedeutung reflexiv auf das Ganze zu übertragen ist, kann dieses nur im sozialen Kontext verständlich sein. Das vierte Prinzip fordert daher eine reflektierte Einstellung des/der Forschers/in und seiner/ihrer Methoden, um die soziale Wirklichkeit erfassen zu können (Lamnek, 2005, S. 24). Bei dieser Forschungsarbeit wurde versucht das eigene Verhalten während der Interviews, aber auch während der Analyse und der Interpretation der Ergebnisse zu reflektieren. Dazu findet sich weiter unten die Methoden - und Rollenreflexion.

Das fünfte Prinzip bezieht sich auf die Explikation und ist eher im Sinne einer Forderung zu verstehen. Dabei sollen die einzelnen Schritte der Forschung möglichst transparent gehalten werden, und die Regeln der Datenaufbereitung und der Interpretation sollen offengelegt werden. Da das Regelwissen des/der Forschers/in jedoch meist unbewusst gespeichert ist, ist diese Forderung schwer zu erfüllen. Sie soll jedoch „die Nachvollziehbarkeit der Interpretation und damit die Intersubjektivität des Forschungsergebnisses" (Lamnek, 2005, S.24) sichern. Durch die Dokumentation der Forschungsschritte und die Rollenreflexion wurde versucht, das Prinzip der Explikation so gut es geht zu erfüllen.

Das sechste Prinzip stellt das Prinzip der Flexibilität dar. Es fordert neben einem flexiblen Verhalten des/der Forschers/in – das Einlassen auf neue Richtungen, Beobachtungen und Erkenntnisse – die Wahl eines flexiblen Verfahrens. Dieses kann an die individuellen Eigenheiten des Forschungsgegenstandes angepasst werden und es kann zu differenzierten Aussagen und Einsichten führen. Außerdem soll die Flexibilität des Forschungsprozesses dadurch sichergestellt werden, dass der ständige Einbezug der neu gewonnenen Daten für den nächsten Untersuchungsschritt erfolgt. Die Flexibilität ist wichtig, damit der/die ForscherIn sich an die stetig verändernden Bedingungen seiner/ihrer Forschung anpassen kann (Lamnek, 2005, S.26). In der vorliegenden Arbeit wurde versucht sich während des Forschungsprozesses möglichst flexibel zu verhalten. Außerdem wurde ein halbstandardisiertes Verfahren – das Leitfadeninterview – mit offenen Fragen gewählt, um eine möglichst flexible Methode anzuwenden, die geholfen hat, flexibel auf die Interviewpartner einzugehen.

In der qualitativen Forschung geht es im Gegensatz zur quantitativen Forschung um die „Entdeckung (Generierung) von Theorieaussagen anhand empirischer Daten" (Brüsemeister, 2008, S. 19) und nicht um die Überprüfung konkreter Hypothesen. Dafür sind erheblich kleinere Fallzahlen nötig als bei einem quantitativen Design. Eine Entdeckung ist laut Brüsemeister (2008) schon mit einem Interview möglich (S.19). Für die vorliegende Arbeit wurden zwei Interviews geführt, was für ein qualitatives Forschungsdesign spricht. Orientierungspunkt der Analyse stellt bei einer qualitativen Forschung der einzelne Fall dar, von dem aus Strukturen seiner Lebenswelt und Handlungsmuster rekonstruiert werden (Brüsemeister, 2008, S.20).

Methodisch wird in der qualitativen Forschung mit einem theoretischen Sampling gearbeitet. Dieser Ausdruck bezieht sich auf die Strategien zur Auswahl einer Untersuchungsgruppe. Dabei spielt vor allem die Art der Forschungsfrage eine Rolle: entweder ist durch sie genau festgelegt, welche Personen befragt werden sollen oder die Auswahl entwickelt sich erst im Laufe des Forschungsprozesses. Dies erfolgt mithilfe von theoretischen Überlegungen, die durch die Forschungsarbeit im Feld entstehen (Brüsemeister, 2008, S. 21). Auf Basis der zugrundeliegenden Forschungsfrage wurde mithilfe des theoretischen Samplings nach Interviewpartnern gesucht. Durch die Frage war festgelegt, in welche Richtung sich die Suche bewegen sollte, doch erst durch die eingehende Beschäftigung mit dem Thema wurde die Suche auf sensomotorische KörpertherapeutInnen eingegrenzt.

4.2 Gütekriterien

Im Folgenden werden die sechs nach Mayring (2002) vorgeschlagenen Gütekriterien für die qualitative Forschung kurz dargestellt. Die Gütekriterien sollen die Qualität der Methoden und die Qualität des gewählten Weges zum Erkenntnisgewinn überprüfen. Sie „dienen als Zielvorgaben und Prüfsteine einer beliebigen angewandten Forschungsmethode, an denen der Grad der Wissenschaftlichkeit dieser Methode gemessen werden kann." (Lamnek, 2005, S.142).

1. Das erste Gütekriterium ist nach Mayring (2002) die Verfahrensdokumentation (S.144). Hierbei ist eine ausführliche und detaillierte Beschreibung der Vorgehensweise notwendig, um den Forschungsprozess intersubjektiv überprüfbar zu machen (Lamnek, 2005, S.146). Im Laufe der vorliegenden Forschungsarbeit wurde jeder Handlungsschritt ausführlich dokumentiert und in dieser Arbeit so detailliert wie möglich festgehalten.

2. Das nächste Gütekriterium beschreibt die argumentative Interpretationsabsicherung (Mayring, 2002, S. 145). Das bedeutet, dass die Interpretationen der Analyse so dargestellt werden müssen, dass auch hier ein intersubjektives Nachvollziehen gesichert ist. Dieses Gütekriterium schützt vor dem Vorwurf der Willkür oder Beliebigkeit quantitativer Verfechter (Lamnek, 2005, S. 142). Sowohl der Methodenteil als auch der Ergebnisteil sowie die Diskussion dieser Arbeit sind möglichst verständlich formuliert worden und die Interpretationen des/der Forschenden sind als solche gekennzeichnet worden.

3. Das dritte Gütekriterium stellt die Regelgeleitetheit dar. Nach Mayring (2002) muss auch in der qualitativen Forschung eine Systematisierung erfolgen, die jedoch teilweise die Offenheit und Flexibilität dieser einschränkt (S.146). Trotzdem „kann man sich der Forderung nach einem

schrittweisen, sequenziellen Vorgehen anschließen, während die vorherige Festlegung der Analyseschritte und die Strukturierung des Materials in sinnvolle Einheiten nicht unbedingt geteilt werden muss." (Lamnek, 2005, S. 147). Für die vorliegende Arbeit wurde dieses schrittweise, sequenzielle Vorgehen realisiert, indem zuerst ein Leitfaden erarbeitet wurde, dann die Suche nach Therapeuten erfolgte, daraufhin die Interviews durchgeführt wurden und schließlich die Analyse dieser erfolgte. Es wurde auch schon im Vorhinein festgelegt, dass es ein leitfadengestütztes Experteninterview werden würde, welches mithilfe der Kernsatzmethode nach Leithäuser und Volmerg (1988) ausgewertet werden würde. Durch die Struktur der offenen Fragen während des Interviews und die Flexibilität des Fragebogens und des Forschenden wurde versucht die Forderung nach Offenheit und Flexibilität trotz der festgelegten Methoden zu erfüllen.

4. Das vierte Gütekriterium beschreibt die Nähe zum Gegenstand, welche als methodologisches Grundprinzip der qualitativen Forschung gilt (Mayring, 2002, S.146). Sie ist von großer Bedeutung, denn durch sie erfolgt die Überprüfung der Orientierung an dem natürlichen Lebensfeld der Untersuchten sowie des Einbezugs ihrer Relevanzsysteme und Interessen (Lamnek, 2005, S.147). Für die Arbeit wurde versucht diesem Gütekriterium gerecht zu werden, indem die Interviews in dem natürlichen Umfeld der Befragten erfolgte und der Interviewleitfaden viel Raum gab für das Einbinden der individuellen Werte und Interessen.

5. Das fünfte Gütekriterium ist die kommunikative Validierung nach Heinze und Thiemann (1982). Es beschreibt die „Rückkopplung der Interpretationen an die Befragten" (Lamnek, 2005, S.147). Dabei konfrontiert der/die ForscherIn den/die Befragte/n mit seinen/ihren Deutungen und sichert somit die Rekonstruktion subjektiver Bedeutungsstrukturen (Mayring, 2002, S.147). Während der Interviews für

diese Arbeit wurde häufig nachgefragt, ob die Aussagen richtig verstanden und von dem/der ForscherIn richtig gedeutet und interpretiert wurden. Allerdings konnten nach Abschluss der Arbeit die Interpretationen und die Analyse der Ergebnisse nicht noch einmal mit den Befragten besprochen werden, weshalb dieses Gütekriterium nur als teilweise erfüllt angesehen werden kann.

6. Das letzte Gütekriterium bezeichnet die Triangulation nach Denzin (1978). Es umfasst „verschiedene Methoden, Theorieansätze, Interpreten, Datenquellen etc." (Lamnek, 2005, S.147), die das Erforschte aus möglichst vielen Perspektiven erfassen und möglichst umfassend erforschen. Oftmals stimmen jedoch die Ergebnisse und Interpretationen nicht mit verschiedenen Ansätzen überein, weshalb es schwierig ist dieses Gütekriterium zu erfüllen. Für die vorliegende Arbeit wurde für den theoretischen Teil und den Forschungsstand versucht möglichst verschiedene Theorieansätze und Studien zu finden, was allerdings schwierig war, da die sensomotorische Körpertherapie ein sehr spezielles Feld ist. Außerdem wurde aus Zeitgründen und um die Vergleichbarkeit zu gewährleisten entschieden, bei jeweils einer Methode zu bleiben: den leitfadengestützten Interviews sowie die Kernsatzmethode für die Auswertung. Ursprünglich sollte neben den zwei TherapeutInnen noch ein/eine PatientIn interviewt werden, was jedoch aufgrund der mangelnden Erreichbarkeit verworfen werden musste. Somit ist auch dieses Gütekriterium nur teilweise erfüllt.

Die Gütekriterien nach Mayring (2002) wurden weitgehend erfüllt. Das Kriterium der Kommunikativen Validierung sowie die Triangulation konnten nur teilweise erfüllt werden - vor allem aus Zeitgründen, sodass keine Überprüfung der Deutungen durch die Befragten und auch keine Verwendung von weiteren Methoden möglich war

4.3 Das Interview

4.3.1 Experte

In der vorliegenden Arbeit wurden zwei ExpertInneninterviews durchgeführt. Zunächst soll der Begriff des/der Experten/in behandelt werden, um die theoretische Grundlage für den Begriff zu geben. Danach erfolgt eine Erläuterung des Begriffes „Experteninterview".

Die wissenssoziologische Definition besagt, dass ExpertInnen spezifisches Wissen besitzen (Bogner & Menz, 2002, S.41). Dieses Wissen wird auch Expertenwissen genannt; es beinhaltet komplexe Inhalte und ist häufig auf einen bestimmten Beruf bezogen: „Der Experte verfügt über technisches, Prozess - und Deutungswissen, das sich auf sein spezifisches professionelles oder berufliches Handlungswissen bezieht" (Bogner & Menz, 2002, S.46). Es handelt sich dabei um „Prozesswissen", das aus Wissen von praktischen Erfahrungen besteht: Wissen über „Handlungsabläufe, Interaktionsroutinen, organisationale Konstellationen sowie vergangene und aktuelle Ereignisse" (Bogner & Menz, 2002, S. 43). Der/die Experte/in ist Teil dieser Erfahrungswelt oder hat Kenntnisse über dieses aufgrund seiner/ihrer Nähe zu diesem Handlungsfeld. Demnach ist das Expertenwissen nicht nur ein Fach - und Sonderwissen, sondern gleichzeitig ein Praxis - und Handlungswissen. Dieses befähigt den/die Experten/in zur Umsetzung seiner/ihrer Vorstellungen in seinem/ihrem Funktionskontext, wodurch sein/ihr Wissen in der Praxis wirksam wird und andere Akteure mit beeinflusst. Ein/eine Experte/in hat somit Verantwortung für spezifische Problemlösungen und einen „privilegierten Zugang zu Informationen über Personengruppen oder Entscheidungsprozesse" (Meuser & Nagel, 2002, S. 73).

Der Expertenstatus selbst wird von dem jeweils Forschenden verliehen und er bezieht sich stets auf eine spezielle Fragestellung (Meuser & Nagel, 2002, S.73). Dadurch erhält der/die Experte/in einen höheren sozialen Status (Lamnek, 2005, S. 388) der dabei hilft, die Motivation des Befragten zu steigern.

Bei der Rekrutierung von passenden InterviewpartnerInnen geht es in den qualitativen Methoden „eher um Typisierungen bzw. Typologien, weshalb die Repräsentativität nicht so bedeutend erscheint" (Lamnek, 2005, S. 384). Es wird nach „typischen Personen" eines spezifischen Feldes gesucht, weshalb Vorkenntnisse über dieses Feld notwendig sind. Die Auswahl der Personen erfolgt dann nach dem Theoretical Sampling: es wird nach einzelnen Personen gesucht, die zu der Fragestellung passen. Die Suche erfolgt dabei nach den theoretischen Vorstellungen, die sich der Forscher im Vorfeld angeeignet hat (Lamnek, 2005, S. 106). Die Auswahl geschieht schließlich vor allem ausgehend von der Fragestellung sowie des Handlungsfeldes der ausgewählten Person (Bogner & Menz, 2002, S. 45).

Für die vorliegende Arbeit wurden drei Expertinnen auf dem Gebiet der sensomotorischen Körpertherapie per E-Mail angeschrieben. Eine Körpertherapeutin aus Hamburg und eine aus München antworteten und waren bereit für ein Interview.

Das Experteninterview ist „definiert über die spezielle Auswahl und den Status der Befragten" (Helfferich, 2014, S. 559). Das Ziel ist es „komplexe Wissensbestände zu rekonstruieren" (Liebold & Trinczek, 2009, S.35), die wichtig sind für die Erklärung sozialer Probleme.

Bei dem systematisierenden Experteninterview wird sich dabei an dem exklusiven Expertenwissen der InterviewpartnerInnen orientiert. Im Vordergrund steht das aus der Praxis gewonnene, reflexiv verfügbare und spontan kommunizierbare Handlungs- und Erfahrungswissen (Bogner & Menz, 2002. S.37). Das Ziel ist dabei eine systematische und möglichst vollständige Informationsgewinnung. Der/die Experte/in fungiert dabei als „Ratgeber", der/die Fachwissen besitzt, zu dem der Forschende keinen Zugang hat. Die Strukturen und Zusammenhänge dieses Expertenwissens sollen dabei analysiert werden (Bogner & Menz, 2002, S.76). Experteninterviews sind teilstrukturierte Interviews, die mithilfe eines ausdifferenzierten Leifadens erhoben werden (Bogner & Menz, 2002, S.27, S. 38).

Das leitfadengestützten Experteninterview ist eines der am meisten gebrauchte Verfahren in der empirischen Sozialforschung (Liebold & Trinczek, 2009, S. 3). Es handelt sich um ein thematisch strukturiertes Interview mit einem offenen Leitfaden, der während des Interviews Flexibilität gewährt. Somit zählt das leitfadengestützte Experteninterview zu den „offenen Verfahren" und entspricht damit dem interpretativen Paradigma nach Wilson (Liebold & Trinczek, 2009. S 32).

Da für die vorliegende Arbeit spezielles Expertenwissen in Bezug auf die sensomotorische Körpertherapie erhoben werden sollte, stand die Entscheidung für ein Experteninterview außer Frage. Das spezifische Wissen hinsichtlich der Thematik stellt eindeutig Expertenwissen im Sinne von „Prozesswissen" dar und die Wahl eines leitfadengestützten Experteninterviews wurde im Wissen um die Offenheit und Flexibilität dieser Methode sowie ihrer Übereinstimmung mit dem interpretativen Paradigma gefällt.

4.3.2 Leitfaden

Im Vorfeld der geführten Interviews wurde zunächst ein Leitfaden erstellt, um die Thematik zu ordnen und ein Hilfsmittel für die Interviewsituation zu erhalten. Der Leitfaden wurde erst nach der Rekrutierung der InterviewpartnerInnen vervollständigt, da er maßgeblich von der Auswahl der ExpertInnen beeinflusst wurde. Da es nur wenige ExpertInnen auf dem Gebiet der sensomotorischen Körpertherapie gibt, hätte der Leitfaden ganz anders formuliert werden müssen, wenn diese nicht für ein Interview hätten gewonnen werden können.

Das Erstellen eines Leitfadens hat nicht nur die Funktion der Strukturierung des zu erforschenden Themenfeldes, sondern es macht den/die Forschende/n zu einem kompetenten Gesprächspartner in der Interviewsituation (Meuser & Nagel, 2002, S.77). Die inhaltliche und methodische Vorbereitung ist im Vorlauf eines Interviews sehr wichtig, um mit dem/der Experten/in angemessen kommunizieren zu können. Außerdem dient ein Leitfaden als „konkretes Hilfsmittel in der Erhebungssituation"

(Bogner et al. ,2014, S.27), indem er als Gedächtnisstütze fungiert (Bogner et al, 2014, S.28). Einen offenen Leitfaden, der Flexibilität zulässt, bezeichnen Meuser und Nagel (2002) als „saubere Lösung der Datenerhebung" (S.77). Demnach ist es auch gerade der Leitfaden, der für eine offene und entspannte Atmosphäre während des Interviews sorgt, da der/die Forscher/in durch seine/ihre Vorbereitung der Thematik selbst entspannt in das Interview gehen kann (Meuser & Nagel, 2002, S.78).

Ein Leitfaden beinhaltet drei bis maximal acht unterschiedliche Themenblöcke, die wiederum aus ein bis drei Hauptfragen bestehen. Diese sollen als „zentrale Gesprächsanreize" (Bogner et al., 2014, S.28) fungieren und werden bei allen Interviews gestellt. Neben den Hauptfragen werden noch weitere Fragen zur Vertiefung der jeweiligen Thematik ausgearbeitet. Der für diese Arbeit erstellte Leitfaden besteht aus fünf Themenblöcken und acht Hauptfragen und ist drei Seiten lang, was der typischen Länge eines Leitfadens entspricht, die von einer bis sechs Seiten reichen kann (Bogner et al.,2014, S.29).

Der Leitfaden beinhaltet neben den zentralen Themenbereichen auch dazu passende Fragen sowie wichtigen Schlüsselfragen. Diese werden aus dem theoretischen Vorwissen und der zentralen Fragestellung generiert. Das Feststellen der Themen im Voraus hat neben der Strukturierung auch das Ziel, die Interviews untereinander vergleichbar zu machen. Bezogen auf die Auswertung hat der Leitfaden die Funktion, diese zu erleichtern, indem die zentralen Themenblöcke und Schlüsselfragen aus dem Leitfaden dabei helfen übergeordnete Dimensionen und Kategorien bilden zu können (Loosen, 2014, S.144).

Bei der Erstellung des Leitfadens wurde folgendermaßen vorgegangen:

Zunächst wurde theoretisches Wissen über den Sachverhalt – die Körpertherapien und speziell die sensomotorische Körpertherapie – gesammelt und systematisch bearbeitet, um daraus die Forschungsfragen zu generieren (Bogner et al., 2014, S. 32). Danach erfolgte die Methodenspezifizierung, bei der die Fragen aussortiert wurden, die für Experteninterviews nicht geeignet sind (Bogner et al., 2014, S.33). Als nächstes wurden Themenblöcke erstellt und die Leitfragen für diese erstellt, es erfolgte also eine Gruppierung der Fragen. Im nächsten Schritt erfolgte der Entwurf der Leitfadenfragen, indem die Forschungsfragen zu Interviewfragen umformuliert wurden. Dabei ist nicht nur auf die sprachliche Formulierung zu achten, sondern die Fragen sollen den Experten dazu anregen „Bewertungen, Schilderungen, Erzählungen zu bestimmten Themen" zu offenbaren (Bogner et al.,2014, S. 33). Im vorletzten Schritt erfolgte die Differenzierung der Fragetypen, wobei die Leitfadenfragen auf ihre Wichtigkeit geprüft wurden und einige Fragen als Hauptfragen extrahiert wurden. Auch die Reihenfolge der Fragen wurde in diesem Schritt festgelegt. Als letzter Schritt erfolgt bei der Leitfadenerstellung ein Pretest, in der die Eignung des Leitfadens reflektiert werden soll. Dabei wird auch auf die praktische Umsetzung und auf das Zeitmanagement geachtet sowie auf die Funktionalität der Fragen. In der vorliegenden Arbeit wurde aufgrund von Zeitmangel kein Pretest durchgeführt.

4.3.3 Leitfadengestütztes Interview

Für diese Thesis wurde ein leitfadengestütztes Interview als Methode angewandt. Es wurde ein halbstandardisierter Leitfaden erstellt, bei dem sowohl die Frageninhalte als auch die Fragereihenfolge vorgeben sind (Loosen, 2014, S.142). Die Festlegung der Reihenfolge dient jedoch nur einer Strukturierung des Gespräches, im eigentlichen Interviewverlauf muss sich der Interviewer nicht an diese halten (Loosen, 2014, S.150). Entwickelt sich das Gespräch auf natürliche Weise in Richtung einer Thematik, die erst später vorgesehen war, so sollte der Interviewer sich auf diese Richtung einlassen. (Bogner et al., 2014, S.29). In den für diese Arbeit geführten Interviews war dies häufig der Fall, wenn bestimmte Fragen und Themen besser an anderer Stelle passten oder schon früher von den Interviewten aufgegriffen wurden.

Die praktische Umsetzung von leitfadengestützten Interviews kann im persönlichen Rahmen, telefonisch oder onlinebasiert erfolgen. Für das zweite Interview im Rahmen dieser Arbeit wurde zunächst überlegt dieses aufgrund der großen Entfernung

(München) onlinebasiert durchzuführen. Die Entscheidung fiel dann aber doch auf ein persönlich geführtes Interview, da so eine höhere Nähe erzielt werden kann, die sich positiv auf das Interview auswirken kann (Loosen, 2014, S.145). Außerdem ist es von Vorteil in die Lebenswelt des Interviewpartners zu gehen, um gute Interviews zu erhalten (Girtler, 1984, S.151). Die durchgeführten Interviews dauerten jeweils eine Stunde, was der typischen Länge eines Experteninterviews von ein bis zwei Stunden entspricht (Bogner et al.,2014, S.28).

Die Datenerfassung des Interviews erfolgte durch ein Tonbandgerät, einem „unverzichtbaren Bestandteil im Forschungsprozess, um die Güte der Daten und die Interpretationen zu sichern." (Lamnek, 2005, S. 387).

4.3.4 Interviewsituation

Die Datenerhebung wurde in der vertrauten Umgebung der Befragten durchgeführt. Dies ist wichtig, da die Interviewsituation für den/die Befragte/n eine ungewöhnliche Situation darstellt und die vertraute Umgebung dagegen kompensierend wirkt (Lamnek, 2005,

S.388). Außerdem wird dem/der Befragten der Expertenstatus verliehen, indem der/die Interviewer/in deutlich macht, dass er/sie auf das Wissen des/der Befragten angewiesen ist. Der Interviewverlauf selbst sollte von dem/der Interviewer/in im Auge behalten werden, damit nicht zu sehr von dem Thema abgewichen werden kann, jedoch sollte der/die Befragte in diesem Rahmen den Gesprächsverlauf selbst gestalten können. „Der Befragte gestaltet die Situation inhaltlich und sprachlich" (Lamnek, 2005, S. 389), sodass sich der/die Interviewer/in nicht nur an die Sprache, sondern auch an die Denkstrukturen des/der Befragten anpassen muss. Vor Beginn der Interviews wurde das Einverständnis für die Datenaufzeichnung mithilfe des Tonbandgerätes von den Befragten eingeholt sowie die Anonymität der Befragten versichert.

4.4 Auswertung

4.4.1 Transkription

Die Transkription des Interviews ist laut Lamnek (2005) eine notwendige Voraussetzung für die nachfolgende Analyse des Gesagten. Das Transkript erlaubt eine kritische Auseinandersetzung mit dem Interview und die Kontrolle der Interpretationen durch den transkribierten Text führt zu einer höheren methodischen Sicherheit (Lamnek, 2005, S. 390). Man unterscheidet bei Transkriptionen zwischen selektiven und vollständigen Transkriptionen (Hussy, Schreier & Echterhoff, 2010, S. 236). ExpertInneninterviews werden meist nur selektiv transkribiert oder paraphrasiert (Liebold & Trinczek, 2009, S. 41). Dies darf nach Liebold und Trinczek (2009) jedoch nur von wissenschaftlichem Personal durchgeführt werden, da die Selektion allein von geschulten Mitarbeitern adäquat vorgenommen werden kann (S.41). Im Gegensatz dazu fordert Kaiser (2014), dass die Reduktion des Datenmaterials nur durch Personen erfolgen kann, die bei dem Experteninterview anwesend waren (S.95). Die Selektion während einer solchen Transkription ist bereits der erste Interpretationsschritt, weshalb dieser sehr bedacht durchgeführt werden sollte (Liebold & Trinczek, 2009, S. 42). Außerdem sind „einzelne Aussagen oft nur vor dem Hintergrund des gesamten Datenmaterials verständlich" (Hussy, Schreier & Echterhoff, 2010, S. 236), weshalb ein Volltranskript wünschenswert ist (Liebold & Trinczek, 2009, S.41). Das Trankskript sollte dabei „all die Informationen umfassen, die bei der Interpretation genutzt werden" (Liebold & Trinczek, 2009, S.41). Wenn keine nonverbalen oder paraverbalen Laute und Verhaltensweisen analysiert werden sollen, dann müssen diese auch nicht transkribiert werden (Liebold & Trinczek, 2009, S.41). Aufgrund der oben genannten Problematik von selektiven Transkriptionen wurde für diese Arbeit entschieden, die beiden Interviews vollständig zu transkribieren. Nonverbale und paraverbale Informationen wurden allerdings nicht transkribiert, da diese für die Analyse nicht wichtig waren.

4.4.2 Auswertung

Die Auswertung der vorliegenden Thesis erfolgte nach der Kernsatzmethode von Leithäuser und Volmerg (1988). Diese Methode ermöglicht eine komplexe und detailreiche Analyse und gleichzeitig eine Zusammenfassung des Materials. Es handelt sich dabei um ein induktives Vorgehen, bei dem von Kernsätzen ausgehend Kategorien gebildet werden. Kernsätze sind dabei „natürliche Verallgemeinerungen im Fluss der Diskussion" (Leithäuser & Volmerg, 1988, S.245). In ihnen formulieren die Befragten ihre Erfahrungen und Konflikte und bringen diese auf den Punkt. Dabei enthält ein Kernsatz den Sachverhalt, den Situationsbezug, den Angesprochenen und die Intention des/der Sprechenden (Leithäuser & Volmerg, 1988, S.245).

Die Kernsatzmethode wurde für diese Arbeit ausgewählt, da durch sie sowohl die Komplexität des Materials erhalten als auch gleichzeitig zusammengefasst werden konnte.

Außerdem erschien ein deduktives Vorgehen mit vorgegebenen Kategorien als ungeeignet, da die Kategorien erst im Laufe des Interviews sichtbar werden konnten, da es sich um eine neue und noch unbekannte Therapieform handelt. Die Kategorien konnten also nur aus der Perspektive der Befragten entstehen, weshalb die Kernsatzmethode als geeignete Methode für diese Thesis ausgewählt wurde.

Das Vorgehen der Analyse durch die Kernsatzmethode orientierte sich an den Richtlinien von Leithäuser und Volmerg (1988). Zuerst erfolgte eine Gliederung der Transkripte nach den Kernsätzen. Dazu wurde das jeweilige Transkript nach Sinnabschnitten gegliedert und die herausstechenden Kernsätze markiert. Normalerweise erfolgt dieser Schritt durch zwei Personen, die die gefundenen Kernsätze dann miteinander vergleichen und bei fehlender Übereinstimmung über die Kernsätze und ihren Gehalt diskutieren müssen (Leithäuser & Volmerg, 1988, S.246). Da diese Arbeit jedoch eine Einzelarbeit darstellte, wurde dieser Schritt allein durchgeführt. Nach der Gliederung des Materials wurden die gefundenen Kernsätze auf Karten geschrieben, wobei der zugehörige Abschnitt aus dem Interview mit aufgeschrieben wurde, um den Kontext, in dem dieser Kernsatz stand, festzuhalten. Diese Karten wurden dann auf Ähnlichkeit der beiden Interviews geprüft und verglichen, wodurch Kernsatzbündel sichtbar wurden. Dabei wurde besonders auf die Übereinstimmung der beiden Therapeutinnen hinsichtlich ihrer Erfahrungen und Perspektiven bezogen auf die Auswirkungen der sensomotorischen Körpertherapie bei psychischen und psychosomatischen Problemen geachtet. Die Kernsatzbündel konnten nach mehrfacher Überprüfung zu Themen verallgemeinert werden. Aus den Themen bildeten sich wiederum die Erfahrungsfelder. Diese werden in dem Ergebnisteil dieser Arbeit ausführlich dargestellt. Aus den Erfahrungsfeldern kristallisierten sich schließlich vier Erfahrungsdimensionen heraus. Exemplarisch soll hier die Erfahrungsdimension „Typische körperliche Reaktionsmuster bei psychischen Problemen" genannt werden, die aus dem Erfahrungsfeld „Typische Muster" generiert wurde. Dieses wiederum bestand aus den Themen „Typische Stoppmuster", „Gefühle unterdrücken und dazugehörige Körperreaktionen" und „Depressionen und Verspannungsmuster" sowie „Angst und ihr Verspannungsmuster", welche aus den Kernsatzbündeln extrahiert werden konnten.

Die gewonnenen Erfahrungsdimensionen offenbaren eine Zusammenfassung wichtiger und bedeutender Perspektiven und Erfahrungen der Befragten und ermöglichen eine neue Sichtweise auf die körperliche Behandlung bei psychischen und psychosomatischen Problemen.

5   ERGEBNISSE

Im Folgenden werden die Ergebnisse, die aus der Analyse der Interviews mithilfe der Kernsatzmethode nach Leithäuser und Volmerg (1988) resultierten, vorgestellt. Dabei wird Bezug genommen auf die im vorhergehenden Abschnitt erwähnten Erfahrungsdimensionen, die das Ergebnis der Analyse darstellen.

Zunächst wird die Erfahrungsdimension „Zusammenhang von Körper und Psyche" dargestellt. Daran anschließend wird auf die „Diagnose psychosomatisch und die Behandlung" eingegangen. Abschließend folgt eine Aufstellung von „typischen körperlichen Reaktionsmustern bei psychischen Problemen" sowie eine Beschreibung der „Reaktionen der PatientInnen auf die sensomotorische Körpertherapie".

5.1 Zusammenhang von Körper und Psyche

Die Erfahrungsdimension „Zusammenhang von Körper und Psyche" besteht aus zwei Erfahrungsfeldern: einem allgemeinen Feld, dass vor allem die Trennung in Körper und Psyche behandelt und einem Feld, dass den Zusammenhang von Blockaden psychischer und körperlicher Art beinhaltet.

Beide Befragten beschreiben, dass es eine allgemeine Trennung von Körper und Seele gibt, was sich auch auf die Medizin und Psychologie auswirkt: „Hier ist die Organerkrankung, hier ist die Psyche und beides hat nichts miteinander zu tun." Nach den Befragten ist es aber wichtig diese beiden Aspekte zu koppeln, denn „über die Muskeln hat die Seele und der Körper immer miteinander zu tun, das können sie nicht auseinanderdividieren.". Wichtig ist beiden dabei auch, die Sichtweise in der Lehre an Universitäten zu verändern und zu zeigen, dass Körper und Psyche zusammengehören und dieser Zusammenhang gerade bei psychosomatischen Erkrankungen eine große Rolle spielt. Bezogen auf diese Perspektive ist es logisch, dass auch psychische Probleme und Verspannungen miteinander einher gehen. Dazu sagen beide Therapeutinnen: „Das eine geht nicht ohne das andere." Es sei immer der ganze Mensch, der zusammen reagiert und es kommt nur auf die Perspektive an, aus der eine Störung betrachtet wird: entweder wird auf das Psychische oder auf das Körperliche fokussiert. Deswegen sehen sie bei ihren Patienten keine monosymptomatischen Störungsbilder, sondern immer polysymptomatische Beschwerden, bei denen Patienten sowohl körperliche als auch psychische Probleme aufzeigen.

Bezogen auf den Zusammenhang von psychischen Störungen und Verspannungen beschreiben beide Therapeutinnen eine Blockade der natürlichen Bewegung und Lebendigkeit durch Verspannungen. Dabei kann es auch psychisch zu Blockaden kommen: „Und dann blockiert man und dann denkt man: bist du im Kopf nicht ganz klar? Nein, du bist im Körper nicht ganz klar." Löst man diese körperlichen Verspannungen auf, so kann es sein, dass psychische Probleme verschwinden. Eine der beiden Befragten hat das selbst erlebt: „Ich habe es ja selber an meinem Körper erlebt, die Angst verschwindet und du kannst dann mit dem Kopf entscheiden." Auch die andere Therapeutin beschreibt, dass man vor allem bei psychosomatischen PatientInnen als Erstes den Körper behandeln sollte. Sie beschreibt, dass die Beschwerden kein Vorgang im Inneren des Körpers, also der Organe darstellen, sondern „es kommt von außen, Muskeln, Sehnen, Bindegewebe ist das." Sie beschreibt, dass sie bei jedem ihrer PatientInnen mit psychosomatischen-, Angst- oder Depressionsproblemen Verspannungen dieser Art gefunden hat.

Die Erfahrungsdimension „Zusammenhang von Körper und Psyche" beinhaltet somit ein Problem in der westlichen Welt, welches weiter oben vorgestellt wurde: die Trennung von Körper und Psyche. Sie findet seinen Niederschlag auch in der Trennung von Medizin und Psychologie und lässt diese beiden Disziplinen nur selten zueinander finden, was Pohl deutlich kritisiert. Denn gerade für die Behandlung von Verspannungen ist es von großer Bedeutung, dass eine manuelle Untersuchung erfolgt, um diese erkennen und behandeln zu können. Diese Arbeitsweise ist aber in großen Bereichen der Psychologie noch verschrien, da eine manuelle Behandlung als unseriös und veraltet gilt. Für eine Behandlung, wie die sensomotorische Körpertherapie sie darstellt, ist sie jedoch essenziell und nur auf diese Weise können solche Behandlungsformen eine Verbindung zwischen Körper und Psyche herstellen.

5.2 Diagnose „psychosomatisch" und die Behandlung

Die zweite Erfahrungsdimension „Diagnose psychosomatisch und die Behandlung" bezieht sich auf das Problem, dass Störungen und Krankheiten nur von einer Perspektive aus gesehen werden und nicht die Körper-Psyche-Interaktion berücksichtigen. Zu der Diagnose „psychosomatisch" erzählen beide Therapeutinnen, dass die Patienten sich oft nicht ernst genommen fühlen, wenn ein Arzt zu ihnen sagt, dass ihre Probleme "nur" psychischer Art wären. „Die Leute fühlen sich veralbert, ganz fürchterlich veralbert. Weil was hat das mit meinen Rückenschmerzen oder meinem Schwindel zu tun?" Eine der beiden Therapeutinnen beschreibt, dass die sensomotorische Körpertherapie mit ihrem Ansatz diese Patienten deutlich besser erreicht: „Wenn sie dagegen darauf eingehen und sagen, ‚ja, wir ändern das körperlich', dann erzählen sie oft später ganz andere Sachen auch, wie das angefangen hat und in welcher Situation sie da waren." Über die Körperbehandlung scheint man also auch an psychische Faktoren der Problematik zu gelangen, was vielen Ärzten nicht gelingt. Die Behandlungsmöglichkeiten in psychosomatischen Kliniken beschreiben die Therapeutinnen als veraltet und sie sind beide der Meinung, dass sich dort etwas ändern muss. Das Hauptproblem bei diesen Behandlungsmethoden sei, dass sie zu unspezifisch sind. Bewegungs- oder Körpertherapien, wie sie momentan in Kliniken praktiziert werden, wie z.B. die Muskelrelaxation nach Jacobsen helfen zwar, allerdings führen sie nur zu einer vorübergehenden Entspannung, die die Ursache der Problematik jedoch nicht behebt. Die Therapeutinnen fordern: „Man muss ganz genau auf den einzelnen Patienten eingehen." Wenn man die sensomotorische Körpertherapie in solchen Kliniken etablieren könnte, dann könnte man dort helfen „[so]dass sich die

Erfolgsquote bei den psychosomatischen Kliniken verbessert und das wäre ganz sicher so."

Diese Erfahrungsdimension zeigt, was die Trennung in Psyche und Körper für Auswirkungen in der Realität hat. Die Diagnose „psychosomatisch" reduziert das Leiden der PatientInnen meistens auf die Kategorie ‚psychisch', wodurch diese sich nicht ernst genommen fühlen. Auch die körperliche Behandlung solcher Störungen ist noch zu allgemein auf den ganzen Körper bezogen und es wird nicht individuell auf den/die einzelnen Patient/in eingegangen. Die sensomotorische Körpertherapie stellt einen Lösungsansatz für dieses Problem dar und könnte auch in psychosomatischen Kliniken zum Einsatz kommen.

5.3 Typische Reaktionsmuster bei psychischen Problemen

Die dritte Erfahrungsdimension „Typische körperliche Reaktionsmuster bei psychischen Problemen" bezieht sich vorwiegend auf die körperlichen Spannungsmuster von Depression und Angst. Dabei nennen beide Therapeutinnen das Stoppmuster als typisches Muster sowohl bei einer Depression als auch bei einer Angststörung. Dieses Muster, dessen Name Thomas Hanna prägte, beschreibt ein Spannungsmuster, bei dem die Körpervorderseite zusammengezogen wird. Es dient als Schutzmuster und ist schon früh in der

Evolution entstanden und somit tief in alten Gehirnschichten verankert (Pohl, 2010, S.246). Die Therapeutinnen beschreiben dazu passend, dass Verspannungen bei Depressionen vor allem auf der Vorderseite des Körpers vorkommen. Des Weiteren geht eine Depression „immer mit Atemverspannungen einher, das gibt es gar nicht ohne, also ich hab noch keine kennengelernt, also jemand, der depressiv ist, hat auch Verspannungen am Körper." Diese Atemverspannungen führen zu einer Blockierung der Sauerstoffversorgung des Körpers, was als Folge hat, dass der Betroffene alles als sehr mühevoll und anstrengend empfindet: „Wenn das eben zu sehr eingeengt ist, dann kommt dieses depressive Verhalten und ergreift dann aber den ganzen Körper, weil der ganze Körper ist ja unterversorgt mit Sauerstoff sozusagen, dann wird das Ganze schwierig und mühsam." Hierbei wird erkennbar, dass depressive Empfindungen und depressives Verhalten auch als Reaktion auf körperliche Verspannungen entstehen kann.

Auch bei Angststörungen liegen die Verspannungen vorwiegend auf der Körpervorderseite und diese sind laut den Befragten sehr gut zu finden, da Betroffene die verspannten Stellen meistens sehr präzise zeigen: „Weil man Angst sehr gut lokalisieren kann, also man kann ja alle Leute fragen, wo empfinden Sie denn die Angst und das kann im Allgemeinen sehr gut gezeigt werden und das ist gewöhnlich eben hier auf der Vorderseite." Dieses Spannungsmuster hat auch eine evolutionäre Erklärung, nämlich die, dass der Körper sich vorderseitig zusammenzieht, um sich vor etwas Gefährlichem zu schützen. Gleichzeitig beschreibt eine der Therapeutinnen, wie man solche Verspannungen lösen kann: „Angst verschwindet dort, wo du sie spürst, wenn du den Ort der Verspannung, die sich unter der Angst anspannt, wenn du diesen Ort entspannt hast vorher."

Ein weiteres Spannungsmuster konnten beide Therapeutinnen bei unterdrückten Gefühlen beobachten. Dabei handelte es sich zumeist um unterdrücktes Weinen, das laut beider Therapeutinnen vor allem über Anspannung im Halsbereich geschieht. „Wenn du ständig deine Gefühle unterdrückst, weil die Gefühle gerade nicht passen, dann hälst du die Luft an, wenn du Tränen runterschluckst." Wenn sich eine solche Anspannung löst, z.B. durch Behandlung der Halsmuskulatur, dann kann es passieren, dass die Patienten während der Therapie anfangen zu weinen.

Diese dritte Erfahrungsdimension zeigt, dass es spezifische Spannungsmuster bei verschiedenen psychischen Störungen gibt und dass das Unterdrücken von Gefühlen ebenfalls Auswirkungen auf den Körper hat. Die Verspannungen liegen bei Depression und Angst vor allem auf der Körpervorderseite, bei unterdrückten

Gefühlen vorwiegend im Halsbereich. Diese Erfahrungsdimension macht deutlich wie eng psychische Probleme und Körperreaktionen miteinander verknüpft sind und sie unterstreichen damit das Ergebnis der vorherigen Erfahrungsdimension, dass Körper und Psyche untrennbar miteinander verbunden sind.

5.4 Reaktionen der PatientInnen auf die sensomotorische Körpertherapie

Die vierte Erfahrungsdimension knüpft an die vorausgehende Erfahrungsdimension an, in der beschrieben wurde, dass PatientInnen, die ihre Gefühle unterdrücken und deren Halsmuskulatur bearbeitet wird, während der Therapie anfangen zu weinen. Die Therapeutin beschreibt, dass diese Reaktion als sehr befreiend von den PatientInnen empfunden wird. Auch die zweite Therapeutin beschreibt die Gefühle ihrer PatientInnen nach der Behandlung folgendermaßen: „Be-freit von den Fesseln, be-freit aus deiner Zwangsjacke, genauso fühlt sich das an, also eine ganz starke Befreiung." Dieses Empfinden findet vor allem nach einer Behandlung der Atemmuskulatur statt, wenn sich die Atmung wieder frei entfalten kann: „Das ist ein Gefühl, also es ist einfach mehr Freiheit da." Eine der beiden Therapeutinnen betont, dass bei solchen Reaktionen beide, also Therapeut/in und Behandelter sehr glücklich sind. Auf die Frage wie die allgemeine Reaktion auf die

Behandlung durch die sensomotorische Körpertherapie ausfällt und in welchem zeitlichen Abstand diese erfolgt, beschreibt eine Therapeutin: „Allermeistens gehen sie eher lächelnd oder strahlend raus. Hier ist es eher, dass sie schon freudiger rausgehen, dass sie wieder Lebensmut haben, wieder die Dinge, die Welt auch anders sehen und das ist meistens direkt nach der Behandlung schon." Sie beschreibt dabei vor allem den Vergleich zu ihrer früheren Tätigkeit als Psychoanalytikerin, bei der die Patienten eher nachdenklich als fröhlich die Praxis verlassen haben. Ein weiteres Erfahrungsfeld stellt der Umgang mit Gefühlsausbrüchen während der Therapie dar, wie das vorherige beschriebene Weinen. Dazu beschreibt eine Therapeutin, dass sie sich an die Sätze von Dr. Pohl erinnert: „Versuch das nicht zu thematisieren, lass ein

Gefühl kommen, lass es gehen." Dadurch hat sie auch gelernt loszulassen, ein Gefühl anzuschauen und es anzunehmen „bis es vergeht, bis es sich tatsächlich in Luft auflöst oder verbrennt oder verdampft, das ist ein sehr starkes Geschehen, was dann plötzlich nicht mehr da ist, es hat keine Macht mehr über dich." Auch die andere Therapeutin beschreibt, dass sie nicht inhaltlich auf den Gefühlsausbruch eingeht, aber dass manchmal ein Inhalt von dem Patienten aus kommt und dieser von sich aus erzählt, aber dass dieses nicht vordringlich sei. Auch sie beschreibt, dass sie abwartet bis es vorbei ist, „eben wie ein Gewitter".

Die vierte Erfahrungsdimension zeigt auf, welche Auswirkungen die körperliche Behandlung auf das Wohlbefinden der PatientInnen haben kann. Dabei fällt auf, dass die PatientInnen sich meistens direkt nach der Behandlung vor allem befreit fühlen und mit einem guten Gefühl die Praxis verlassen. Gefühlsausbrüche, die bei der Auflösung von Verspannungen auftreten können, werden zugelassen und zunächst nicht thematisiert, sondern es wird gewartet bis das aufkommende Gefühl vorüber geht und verblasst. Danach fühlen sich die Patienten ebenfalls sehr befreit und oft erzählen sie von sich aus von den Ursachen und zugrunde liegenden Faktoren der Gefühlsausbrüche.

6 DISKUSSION

Im Folgenden sollen die Ergebnisse unter Berücksichtigung der vorherigen theoretischen Fundierung kritisch bewertet werden. Dabei sollen Übereinstimmungen genauso wie Widersprüche analysiert und Inkonsistenzen in der Literatur beleuchtet werden.

Bezogen auf den Zusammenhang zwischen Körper und Psyche, der die erste Erfahrungsdimension darstellt, lassen sich laut den Befragten einerseits ein direkter Zusammenhang dieser beiden Teile, andererseits aber auch eine gesellschaftliche Trennung in Körper und Seele erkennen. Auch Bauer (2015) hat diese Entwicklung innerhalb der Gesellschaft erkannt und bewertet diese kritisch, da jedes Denken und Handeln gleichzeitig die körperlichen Strukturen beeinflusst und deshalb eine direkte Beziehung von Körper und Psyche nicht geleugnet werden kann. Deshalb macht für ihn Medizin nur Sinn, wenn sie die Psyche miteinbezieht genauso wie die Psychologie nur sinnvoll ist, wenn sie auch den Körper beachtet (Bauer, 2015, S.8). Auch die Ergebnisse des Interviews sowie die aktuelle Forschung machen deutlich, dass eine Trennung in Medizin und Psychologie nicht mehr dem heutigen Wissenstand gerecht wird. Eine Psychotherapie ohne Berücksichtigung des Körpers entspricht daher ebenfalls nicht mehr dem aktuellen wissenschaftlichen Stand (Geuter, 2006, S.258). Auch Pohl (2010) kritisiert das zweigegliederte Denken und sie fordert eine Körperpsychotherapie, die beide Aspekte miteinander verbindet – eine Therapie, die als Bindeglied zwischen Körper und Psyche fungiert und dabei durch psychophysische Kommunikation agiert. Die im Vorherigen beschriebenen Studien von Monsen und Monsen (2000) sowie die Studie von Koemeda-Lutz et al. (2006) zeigen ebenfalls, dass körperliche und seelische Faktoren miteinander einher gehen und man mit einer Körperpsychotherapie beide Aspekte behandeln kann. Die Befragten fordern darüber hinaus, dass sich auch die Lehre verändern müsse, um ein weitreichendes Umdenken in der Gesellschaft in Gang setzen zu können.

Neben der Kritik an der gesellschaftlichen Sichtweise auf diese Interaktion von Körper und Psyche beschreiben die Befragten, dass es sehr wohl einen direkten Zusammenhang von Körper und Psyche gebe. Deshalb haben auch Verspannungen Einfluss auf das psychische Wohlergehen und durch das Auflösen dieser könne man teilweise auch psychische Beschwerden verbessern. Pohl (2010) beschreibt dazu, dass sie Triggerpunkte sowohl bei körperlichen als auch bei psychischen Beschwerden wie Angst und Bedrückung gefunden hat (Pohl, 2010, S.51).

Die zweite Erfahrungsdimension umfasst die Diagnose psychosomatisch und die Behandlung solcher Beschwerden und schließt direkt an die oben genannte Forderung nach mehr Körperpsychotherapien an. Die Behandlung von psychosomatischen Problemen mit einer Körperpsychotherapie zeigte eine deutliche Verbesserung der Symptomatik (Koemeda-Lutz et al., 2006, S.6).

Die Ergebnisse der Interviews zeigen, dass es auch hier üblicherweise eine sehr eindimensionale Sichtweise auf die Problematik gibt. So werden PatientInnen mit der Diagnose „psychosomatisch" häufig entweder in die Kategorie „psychisch" oder die Kategorie „körperlich" eingeordnet. Häufig bleiben deswegen laut Pohl (2010) zahlreiche Therapieversuche ohne Erfolg und es kommt zu einem „doctor-hopping" (S.29), bei dem die PatientInnen zahlreiche Ärzte aufsuchen. Die Diagnose selbst wird von den PatientInnen als stigmatisierend und belastend empfunden (Pohl, 2010, S.31) und sie fühlen sich oftmals nicht ernst genommen, wie die Ergebnisse dieser Forschungsarbeit zeigen.

Die Diagnose „psychosomatisch" steht sinnbildlich für das weiter oben benannte Problem der Trennung in Körper und Psyche. Die PatientInnen leiden bis heute unter dieser eindimensionalen Sichtweise und es wird Zeit, dass sich nicht nur das Denken, sondern auch das Handeln in der Gesellschaft ändert. Die Stigmatisierung von psychosomatischen Beschwerden sollte endlich aufgelöst werden und Probleme solcher Art sollten als das angesehen werden, was sie sind – nämlich Störungen körperlicher und psychischer Aspekte und als solche sollten sie auch behandelt werden.

Ein weiteres Ergebnis der Studie ist, dass es typische Reaktionsmuster bei psychischen Beschwerden gibt. So finden sich bei Angst und Depressionen die Verspannungen vor allem auf der Körpervorderseite, bei unterdrückten Gefühlen sind diese vor allem im Halsbereich lokalisiert. Auch Reich beschrieb einen Muskelpanzer in „Gestalt chronischer wie erstarrter muskulärer Haltungen" (Reich, 1970, S.344) und er erklärt, dass verdrängte Gefühle auch körperlich ihren Ausdruck finden, nämlich in der Körperhaltung, der muskulären und der vegetativen Spannung (Thielen, 2010, S.9).

Dieses Ergebnis zeigt, dass es wie anfangs vermutet tatsächlich spezifische Spannungsmuster gibt, die mit psychischen Problemen einhergehen. Die körperliche Behandlung dieser kann dadurch erleichtert werden und es ist dringend erforderlich, dass weitere Forschung in diese Richtung erfolgt.

Schließlich soll noch auf die letzte Erfahrungsdimension eingegangen werden, die die Reaktionen der PatientInnen auf die sensomotorische Körpertherapie beschreibt. Dabei beschreiben die Therapeutinnen ein Gefühl von Befreiung und Entlastung bei den Patienten. Auch Pohl (2010) beobachtet eine deutliche Verbesserung der Befindlichkeit ihrer PatientInnen nach der Therapie (S.23). Sie beschreibt ebenfalls, dass sich die PatientInnen oft wie befreit fühlen und sie neue Motivation und Lebenslust erlangen (Pohl, 2010. S.140). Generell scheinen Körperpsychotherapien einen positiven Einfluss auf das psychische Wohlbefinden zu haben, denn die Studie von Monsen und Monsen (2000) zeigt ebenfalls, dass die Werte für Depression und Ängstlichkeit sich nach der Therapie deutlich verbesserten (Loew, Lahmann, Tritt & Röhricht, 2006). Auch die Studie von Koemeda-Lutz et al. (2006) weist eine deutliche Reduktion der Angstsymptome und der Depressivität bei den teilnehmenden PatientInnen nach.

Generell scheinen körperpsychotherapeutische und körperbezogene Therapien einen positiven Einfluss auf das psychische Wohlbefinden von PatientInnen zu haben. Bei der sensomotorischen Körpertherapie kommt es vor allem zu Gefühlen der Befreiung und die PatientInnen verlassen die Praxis häufig gut gelaunt und fröhlich. Das zeigt, dass die Reaktion auf Therapien dieser Art sehr positiv ausfallen und sie die Therapiemotivation, die Lebenslust sowie die Lebensqualität in hohem Maße steigern können.

Abschließend lässt sich sagen, dass sich die Ergebnisse der Interviews in hohem Maße mit der zu diesem Themenkomplex auffindbaren Literatur decken und die Therapeutinnen viele Aspekte aufgegriffen haben, die in der theoretischen Fundierung der Arbeit erklärt wurden. Als Ergebnis kann man festhalten, dass ein Umdenken in der Gesellschaft erforderlich ist, dass sowohl die Trennung in Körper und Psyche als auch die in Medizin und Psychologie auflöst und somit auch eine Neubewertung der Diagnose „psychosomatisch" möglich macht. Dabei ist vor allem auch die Weitergabe des Wissens um die Interaktion von Psyche und Körper in der Lehre notwendig. Weiterhin konnte gezeigt werden, dass es spezifische Spannungsmuster bei psychischen Störungen gibt und dass es insgesamt eine positive Reaktion auf die Behandlung mit Körperpsychotherapien, speziell auf die sensomotorische Körpertherapie, gibt. Abschließend wird aus diesen Ergebnissen gefordert, dass es mehr Therapien geben sollte, die sowohl den Körper als auch die Psyche individuell behandeln.

7 METHODEN – UND ROLLENREFLEXION

Im Folgenden sollen die angewendeten Methoden sowie die Rolle der Forschenden in dem Forschungsprozess kritisch reflektiert werden.

Die Entscheidung für ein qualitatives Forschungsdesign fiel schon sehr früh, da die Forschungsfrage sowie die praktische Umsetzung der Forschung nur in einem qualitativen Setting sinnvoll und möglich waren. Es sollte in die Erfahrungswelt der Therapeutinnen eingetaucht werden, um ihre Expertenmeinung und Erfahrungen erforschen zu können. Da es noch nicht viele Therapeuten gibt, die aktuell nach dem Konzept der sensomotorischen Körpertherapie arbeiten, war es offensichtlich, dass nur wenige Experten gewonnen werden konnten. Ein quantitatives Forschungsdesign war somit ausgeschlossen. Die Wahl eines Experteninterviews ist dadurch gerechtfertigt, dass es in dieser Arbeit um Expertenwissen ging. Ursprünglich sollte eigentlich noch ein/eine Patient/in interviewt werden, die mit der sensomotorischen Körpertherapie behandelt wurde, um eine andere Perspektive auf das Thema zu erhalten. Allerdings war die Umsetzung dieses Vorhabens und die Akquisition eines/einer Patienten/in nicht möglich. Die einseitige Perspektive auf das Thema – nämlich nur die der Therapeutinnen – kann somit kritisch bewertet werden. Ein Leitfadeninterview wurde als geeignete Methode gewählt, da diese gleichzeitige Struktur, aber auch Offenheit gewährleistet. Für einen Pretest des Leitfadens war allerdings nicht genügend Zeit vorhanden, was ebenfalls kritisch hinterfragt werden kann. Die Kernsatzmethode wurde als Auswertungsmethode eingesetzt, da die Forschende mit dieser Methode gute Erfahrungen gemacht hat. Sicherlich wären andere Auswertungsmethoden auch geeignet gewesen, sodass man diese subjektive Wahl kritisch betrachten kann, andererseits konnten mit der Kernsatzmethode verwertbare Ergebnisse erzielt werden.

Bezogen auf die Rolle, die die Forschende in dieser Arbeit einnahm, kann gesagt werden, dass sie versuchte als interessierte und möglichst offene Person aufzutreten.

Sie trat in die persönlichen Lebenswelten der Befragten ein und wurde somit ein Teil dieser Lebenswelt, sodass keine objektive und neutrale Rolle eingenommen werden konnte. Da dieses jedoch auch nicht das Ziel der Forschung war, sondern möglichst persönliche und subjektive Erfahrungen gesammelt werden sollten, war eine solche Rolle notwendig, die dem Gegenüber auf persönlichen und subjektiven Weg begegnete. Die Rolle, die die Forschende gegenüber den Befragten einnahm, war eine zurückhaltende und zuhörende Rolle, die trotzdem auch eine strukturierende Funktion besaß, die durch den Leitfaden realisiert wurde. In den Interviews wurden auch persönliche Erfahrungen geteilt, sodass die Interviewerin sowie die Befragten auf der gleichen Ebene agieren konnten. Diese ausgetauschten Erfahrungen führten zu einem größeren Vertrauen und tieferen Verständnis des Gesagten und halfen somit, das Erzählte besser interpretieren zu können. Die Forschende fühlte sich in ihrer Rolle sehr wohl und konnte somit authentisch auftreten, was sich in einer vertrauensvollen und offenen Gesprächsatmosphäre widerspiegelte. Auf die Auswertungs- und Bewertungssituation bezogen, bestand die Rolle der Forschenden darin, Kernsätze zu extrahieren und Erfahrungsdimensionen zu erkennen. Da diese Methode normalerweise mit mehreren Personen durchgeführt wird und so über die Wahl der Leitsätze diskutiert werden kann, kann kritisiert werden, dass dieses Vorgehen in der vorliegenden Arbeit allein und damit sehr subjektiv durchgeführt wurde. Die Interpretationen der Themen, Erfahrungsfelder und Erfahrungsdimensionen geschah nicht durch Interaktion, sondern durch subjektives Bewerten, was ebenfalls kritisch zu betrachten ist.

Zusammenfassend kann gesagt werden, dass sowohl die Wahl der Methoden als auch die Rolle der Forschenden in dieser Arbeit als sinnvoll gewählt und umgesetzt angesehen werden können. Das qualitative Forschungsdesign, das Experten- sowie Leitfadeninterview und die Kernsatzmethode bildeten ein gut zusammenpassendes Forschungsdesign, dass sich untereinander verständlich ergänzte und sinnvoll aufeinander aufbaute. Die Rolle als persönliche, zurückhaltende und gleichzeitig strukturierende Forscherin wurde von dem Gegenüber gut angenommen und führte zu einem größeren Vertrauen auf beiden Seiten sowie zu einem tieferen Verständnis des Gesagten im Forschungsprozess. Trotzdem muss das Auswertungs- und Interpretationsverfahren kritisch bewertet werden, da es sehr subjektiv erfolgte und kein Austausch mit weiteren Personen erfolgte.

8 FAZIT UND AUSBLICK

In der vorliegenden Arbeit wurde die Forschungsfrage bearbeitet, ob und inwiefern sich psychische und psychosomatische Probleme durch die körperliche Behandlung von Verspannungen therapieren lassen. Ausgehend von der Feststellung, dass immer mehr Menschen an solchen Beschwerden leiden und neue Behandlungsmöglichkeiten für diese gesucht werden, wurde der Fokus dieser Forschungsarbeit vor allem auf die sensomotorische Körpertherapie nach Dr. Pohl gelegt, die einen neuen Therapieansatz verfolgt und somit eine alternative Behandlungsmöglichkeit für psychische und psychosomatische Probleme eröffnet. Wichtig ist dies vor allem bezogen auf die Tatsache, dass sich das Arbeitsleben und der Alltag vieler Menschen immer mehr in eine ungesunde Richtung entwickelt, bei der natürliche Bewegung immer weniger ausgelebt wird und so körperliche Probleme viel leichter entstehen können.

Die Ergebnisse dieser Arbeit haben zunächst belegt, dass es einen direkten Zusammenhang zwischen Körper und Psyche gibt, sodass Verspannungen und psychische oder psychosomatische Störungen beinahe immer miteinander einher gehen. Gleichzeitig findet in der westlichen Welt noch immer eine Trennung von Körper und Psyche statt, die auch dafür sorgt, dass Psychologie und Medizin weiterhin als getrennte Disziplinen auftreten. Diese Trennung muss überwunden werden, um ein tiefergehendes Verständnis des menschlichen Organismus und seiner Funktionsweise sowie Störungen dieser Interaktion erhalten zu können. Eine solche Einteilung ist längst überholt und wird auch von der Forschung nicht mehr als haltbar angesehen, trotzdem scheint ein Umdenken nur sehr langsam Einzug in das etablierte Verständnis von Körper und Psyche zu erhalten. Dieser Prozess sollte deshalb gerade auch in der Lehre beider Disziplinen vorangetrieben werden, um neue Generationen für dieses Thema zu sensibilisieren und ihnen ein tiefergehendes Verständnis und eine neue Sichtweise auf die Interaktion von Körper und Psyche zu ermöglichen.

Die Einseitigkeit des Denkens durch die Einteilung in Körper und Psyche macht jedoch nicht nur im theoretischen Rahmen Probleme, sondern sie hat weitreichende Folgen in der Praxis: Menschen mit der Diagnose „psychosomatisch" werden oftmals entweder in die Kategorie körperlich oder in die Kategorie psychisch eingeteilt. Dadurch fühlen sich viele dieser PatientInnen stigmatisiert und die einseitige Behandlung dieser Beschwerden ist häufig nicht erfolgreich. Ausgehend von diesem Ergebnis wird eine ganzheitliche Therapie gefordert, die sowohl den Körper als auch die Psyche behandelt und somit eine psychophysische Kommunikation möglich macht. Einige Körpertherapien arbeiten mittlerweile nach einem solchen Prinzip, allerdings sollten ihre Wirkungsweise und ihre Erfolge durch Studien weiter erforscht und validiert werden.

Ein weiteres Ergebnis dieser Arbeit ist, dass es spezifische Spannungsmuster für einige psychische Probleme gibt. Die oben beschriebene Tatsache, dass Körper und Psyche nicht unabhängig voneinander betrachtet werden können, wird durch dieses Ergebnis noch unterstrichen: Es zeigt, dass Körper und Psyche unmittelbar aufeinander reagieren und spezifische Spannungsmuster zu bestimmten psychischen Störungen führen können. Andererseits eröffnet diese Erkenntnis auch die Chance bestimmte psychische Probleme durch körperliche Therapien behandeln. So konnte gezeigt werden, dass Patienten sich nach der körperlichen Behandlung durch die sensomotorische Körpertherapie deutlich befreit und besser fühlten. Die Therapie steigerte ihr psychisches Wohlbefinden, was auch bei anderen Körpertherapien festgestellt werden konnte.

Abschließend kann man sagen, dass die Ergebnisse dieser Studie neben einem Umdenken in der Gesellschaft, was die Interaktion von Körper und Psyche angeht, auch ein neues Handeln fordern: die Entwicklung von neuen Therapieformen, die sowohl den Körper als auch die Psyche miteinbeziehen ist notwendig, um der steigenden Zahl von psychosomatischen und psychischen Beschwerden gerecht zu werden. Gleichzeitig sollte Körpertherapien wie der sensomotorischen Körpertherapie mehr Beachtung geschenkt werden, denn sie können neben den positiven Auswirkungen auf den Körper auch das psychische Wohlbefinden steigern. Die spezifischen Spannungsmuster bei psychischen Beschwerden, die Erfolge sowie die allgemeine Wirkweise solche Körpertherapien muss jedoch noch grundlegend erforscht und validiert werden, damit diese Therapieformen auch wissenschaftlich anerkannt werden.

9 LITERATURVERZEICHNIS

Anacker, M. (2013). William James: Die James/ Lange-Theorie der Gefühle. In K. Senge & R. Schützeichel (Hrsg.), *Hauptwerke der Emotionssoziologie* (S. 181-186). Wiesbaden: Springer VS.

Ansermet, F. & Magistretti, P. (2005). *Die Individualität des Gehirns. Neurobiologie und Psychoanalyse.*Frankfurt am Main: Suhrkamp Verlag.

Barghaan, D., Harfst,T. , Koch, U. & Schulz, H. (Hrsg.). (2008). Psychotherapeutische Versorgung. *Gesundheitsberichterstattung des Bundes,* 41, 8.

Bauer, J. (2015). *Das Gedächtnis des Körpers.* Frankfurt am Main: Piper.

Bogner, A., Littig, B. & Menz, W. (Hrsg.). (2002). *Das Experteninterview. Theorie, Methode, Anwendung.* Wiesbaden: Springer.

Bogner, A., Littig, B. & Menz, W. (2014). *Interviews mit Experten. Eine praxisorientierte Einführung.* Wiesbaden: Springer.

Brüsemeister, T. (2008). *Qualitative Forschung. Ein Überblick.* Wiesbaden: VS Verlag.

Buhl, H. (2010). Orgonmedizin. Eine Einführung in die Praxis. In M. Thielen (Hrsg), *Körper – Gefühl – Denken. Körperpsychotherapie und Selbstregulation* (S.155-166). Gießen: Psychosozial Verlag.

Bühring, P. (2010). Psychische Erkrankungen. Dramatische Zunahme – kein Konzept. In Bundesärztekammer und Kassenärztliche Bundesvereinigung (Hrsg.). *Deutsches Ärzteblatt,* 107 (33), 1548.

Deutsche Gesellschaft für Psychologie (2016). *Richtlinien zur Manuskriptgestaltung* (4.Aufl.). Göttingen: Hogrefe.

Echterhoff, G., Hussy, W. & Schreier, M. (2010). Forschungsmethoden in Psychologie und Sozialwissenschaften für Bachelor. Berlin Heidelberg: Springer.

Gendlin, E.T. (2012). Focusing-orientierte Psychotherapie. Ein Handbuch der erlebensbezogenen Methode. München: Pfeiffer Verlag.

Geuter, U. (2006.) Körperpsychotherapie – Der körperbezogene Ansatz im neueren wissenschaftlichen Diskurs. *Psychotherapeutenjournal, 3,* 258- 264.

Girtler, R. (1984). *Methoden der qualitativen Sozialforschung.* Wien, Köln, Graz: Böhlau.

Gottwald, C. (2005). Bewusstseinszentrierte Körperpsychotherapie - eine Anwendung der Neurobiologie?. In L. Schrenker, C. Schricker & S. Sulz (Hrsg.), *Die Psychotherapie entdeckt den Körper.* München: CIP-Medien.

Helfferich, C. (2014). Leitfaden und Experteninterviews. In N. Baur, & J. Blasius, (Hrsg*.), Handbuch Methoden der empirischen Sozialforschung* (S. 559-574). Wiesbaden: Springer.

Kaiser, R. (2014). Qualitative Experteninterviews. Konzeptionelle Grundlagen und praktische Durchführung. Wiesbaden: Springer.

Kaschke, M., Koemeda-Lutz, M., Revenstorf, D., Scherrmann, T., Soeder, U. & Weiss, H. *(2006).* Evaluation der Wirksamkeit von ambulanten Körperpsychotherapien – EWAK. PPmP - Psychotherapie · Psychosomatik · Medizinische Psychologie, 56, 1-14.

Krotz, F. (2019). *Neue Theorien entwickeln.* Köln: Halem Verlag.

Lamnek, S. (2005). *Qualitative Sozialforschung.* Weinheim, Basel: Beltz Verlag.

Leithäuser, T. & Volmerg, B. (1988). *Psychoanalyse in der Sozialforschung. Eine Einführung.* Wiesbaden: Springer Fachmedien.

Liebold, R. & Trinczek, R. (2009). Experteninterview. In S. Kühl, P. Strodtholz, P. & A.Taffertshofer (Hrsg.), *Handbuch Methoden der Organisationsforschung. Quantitative und Qualitative Methoden* (S. 32-56). Wiesbaden: VS- Verlag.

Loew, T., Lahmann, C., Röhricht, F. & Tritt, K. (2006). Körperpsychotherapien – wissenschaftlich begründet? Eine Übersicht über empirisch evaluierte Körperpsychotherapieverfahren. *Psychodynamische Psychotherapie., 5,* 6-19.

Loosen, W. (2014). Das Leitfadeninterview – eine unterschätzte Methode. In S. AverbeckLietz & M. Meyen (Hrsg.), *Handbuch nicht standardisierte Methoden in der Kommunikationswissenschaft* (S.139-155). Wiesbaden: Springer VS.

Matthes, J.(1976).Handlungstheoretisch-interaktionistisch-phänomenologisch orientierte Theorien. In M. R. Lepsius (Hrsg.), *Zwischenbilanz der Soziologie: Verhandlungen des 17. Deutschen Soziologentages* (S. 53-59). Stuttgart: Ferdinand Enke.

Mayring, P. (2002). *Einführung in die qualitative Sozialforschung.* Weinheim, Basel: Beltz Verlag.

Mense, S. & Simons, D.G. (2003). Diagnose und Therapie myofaszialer Triggerpunkte.

Der Schmerz, 17 (6), 419-424.

Meuser, M. & Nagel, U. (2002). ExpertInneninterviews - vielfach erprobt, wenig bedacht. In A. Bogner, B. Littig, & W. Menz. (Hrsg.), *Das Experteninterview. Theorie, Methode, Anwendung* (S.71-93). Springer: Wiesbaden.

Meuser, M. & Nagel, U. (2008). ExpertInneninterview: Zur Rekonstruktion spezialisierten Sonderwissens. In R. Becker & B. Kortendiek (Hrsg.), *Handbuch Frauen- und Geschlechterforschung* (S.258-264). Wiesbaden: VS Verlag für Sozialwissenschaften.

Morschitzky, H. & Sator, S. (2009). *Wenn die Seele durch den Körper spricht* (6. Auflage).

Düsseldorf: Patmos-Verlag.

Pohl, H. (2010). *Unerklärliche Beschwerden?*. München: Knaur.

Reich, W. (1970). *Charakteranalyse.* Frankfurt am Main: Fischer.

Thielen, M. (Hrsg.). (2010). Körper – Gefühl – Denken. Körperpsychotherapie und Selbstregulation. Gießen: Psychosozial Verlag.

10 ANHANG

10.1 Anhang A: Einwilligungserklärung Interview

FB 11 Human-und Gesundheitswissenschaften

Name & Anschrift Interviewpartner/in

_____

_____

_____

Universität Bremen

Interviewer/in &Verfasser/in der Forschungsarbeit

Name: _____

Straße: _____

Plz. Ort: _____

Telefon: _____

Email: _____

Interview zur Forschungsarbeit

Titel: _____

_____

_____

Erklärung der Interviewerin

Hiermit erkläre ich, _____, als Studierende/r im Studiengang

_____

- dass alle von Ihnen gemachten Angaben vollständig anonymisiert werden, sodass kein Rückschluss auf Ihre Person oder Ihren Arbeitgeber möglich sein wird.
- dass keinesfalls Ergebnisse der Untersuchung ohne Ihr Einverständnis Dritten (außerhalb des wissenschaftlichen Kontextes) zugänglich gemacht werden.
- dass nach Abschluss der Forschungsarbeit alle personenbezogenen Daten (Audiodateien und deren schriftliche Version) wieder gelöscht werden.

_____

(Ort, Datum, Unterschrift)

Einwilligungserklärung der / des Interviewten

Hiermit bestätige ich, dass Teile meines Interviews unter Wahrung der Anonymität im Rahmen der Forschungsarbeit zum oben genannten Thema verwendet werden können. Des Weiteren bin ich mit einer Tonbandaufnahme einverstanden.
Darüber hinaus gestatte ich, dass Teile des Interviews unter Wahrung der Anonymität im Rahmen der Lehre im Fachbereich Human- und Gesundheitswissenschaften an der Universität Bremen genutzt werden können: ☐ ja   ☐ nein

_____

(Ort, Datum, Unterschrift)

10.2 Anhang B: Leitfaden Themenblock

Themenblock	Hauptfrage
1. Behandlung von Verspannung und Auswirkungen auf das psychische Befinden	1) Welche Erfahrungen haben Sie mit Ihrer Behandlungsmethode bei psychischen Problemen gemacht? 2) Welche Auswirkungen hat die Behandlung von Verspannungen auf das psychische Wohlbefinden?
2. Zusammenhang Verspannungen und psychische Beschwerden	1) Glauben Sie, dass es einen direkten Zusammenhang zwischen Verspannungen und psychischen Problemen gibt? 2) Denken Sie, dass Verspannungen immer auch eine Komponente bei psychischen Problemen sind?
3. spezifische Verspannungsmuster	Gibt es spezifische Verspannungsmuster bei bestimmten psychischen Problemen?
4. körperliche und psychische Blockaden	Glauben Sie, dass man durch das Auflösen von körperlichen Blockaden/Verspannungen auch psychische Blockaden/Probleme lösen kann?
5. Störungsbilder ohne Erfolg	Bei welchen Störungsbildern oder Problemen hatten Sie mit Ihrer Methode keinen Erfolg?
6. körpertherapeutische Behandlung bei psychischen Problemen	Ist es Ihrer Meinung nach wichtig körperbezogene Therapiemethoden auch in der Behandlung von psychischen Problemen zu etablieren?

10.3 Anhang C: Leitfaden Interview

<u>Forschungsfrage:</u> Welche Auswirkungen hat das Auflösen von körperlichen Verspannungen auf psychische Probleme?

Einstieg

- Begrüßung und Dank für die Zeit
- Kurzer Umriss des Themas
- Kurze Beschreibung des Interviewablaufs und der ungefähren Dauer
- Datenschutzvereinbarung

Einstiegsfragen

❾ Wie lange arbeiten Sie nun schon nach der von Ihnen entwickelten Methode?

❾ Behandeln Sie viele Patienten mit „rein" psychischen Problemen?

Schlüsselfragen

4. Welche Erfahrungen haben Sie mit Ihrer Behandlungsmethode bei psychischen Problemen gemacht?

❾ Helga Pohl schreibt, dass Sie durch Ihre Therapie auch die Übertragung von Kindheitsängsten auf Personen der Gegenwart auflösen konnten – wie könnte das funktioniert haben und wie erklären Sie sich diese Reaktion? (Übernahme von Bewegungsmustern/Gefühlsmustern)

5. Welche Auswirkungen hat die Behandlung von Verspannungen auf das psychische Wohlbefinden?

❾ Gibt es direkt beobachtbare psychische Veränderungen während bzw. nach einer Therapiesitzung (wie eine entspanntere Sichtweise oder mehr Gelassenheit)?

❾ Haben Sie schon einmal erlebt, dass es direkte starke emotionale oder psychische Reaktionen – wie einen Gefühlsausbruch - auf die Auflösung von Verspannungen gab?

6. Glauben Sie, dass es einen direkten Zusammenhang zwischen Verspannungen und psychischen Problemen gibt?

❾ Helga Pohl schreibt, dass sie infolge Ihrer Beobachtungen überlegt hat, ob nicht die innere Befindlichkeit der Patienten so verändert ist, weil sie körperlich verzogen und erstarrt sind. Das würde für einen direkten Zusammenhang sprechen. Können Sie den in Ihren Therapiestunden beobachten?

7. Denken Sie, dass Verspannungen immer auch eine Komponente bei psychischen Problemen sind?

8. Gibt es spezifische Verspannungsmuster bei bestimmten psychischen Problemen?

❾ Helga Pohl schreibt, dass vor allem die Vorderseite verspannt ist bei chronisch negativen Gefühlen und diese aus Rezeptoren, Muskulatur und Bindegewebe der Vorderseite kommen. Gibt es bestimmte Körperbereiche (z.B. Brust, Bauch etc.) die bei bestimmten Problemen besonders betroffen sind?

❾ Das sogenannte Stoppmuster von Thomas Hanna scheint ein typisches Spannungsmuster bei Angst und Depression zu sein. Haben Sie dieses bei weiteren psychischen Störungen beobachtet?

9. Glauben Sie, dass man durch das Auflösen von körperlichen Blockaden/Verspannungen auch psychische Blockaden/Probleme lösen kann?

❾ Kann das Auflösen von Verspannungen zu einer gesteigerten Therapiebereitschaft führen?

❾ Kann man Patienten generell „leichter" über den körperbezogenen Ansatz erreichen? Gilt das auch bei psychisch erkrankten Menschen?

10. Bei welchen Störungsbildern oder Problemen hatten Sie mit Ihrer Methode keinen Erfolg?

❾ Wie erklären Sie sich das?

11. Ist es Ihrer Meinung nach wichtig körperbezogene Therapiemethoden auch in der Behandlung von psychischen Problemen zu etablieren?

- ❾ Weshalb und in welchem Ausmaß?
- ❾ Welche Auswirkungen könnte das auf die Therapie und den Therapieerfolg haben?

12. Sie fordern eine Körperpsychotherapie, die sich als psychophysische Kommunikation zwischen Therapeuten und Patient versteht. Wie kann dies im momentanen Therapiesetting umgesetzt werden, das auf einem rein verbalen Austausch basiert?

13. Sie behandeln vor allem körpertherapeutisch, reden aber auch über psychische Probleme, wenn Ihre Patienten diese ansprechen. Glauben Sie, dass zukünftige Therapien diese beiden wichtigen Aspekte miteinbeziehen müssen? Sollten entsprechende Methoden auch schon in der Ausbildung bzw. im Studium zum Psychologen gelehrt werden oder sollte die Körperpsychotherapie eine gesonderte Ausbildung bleiben?

Rückblick

- Kurze Zusammenfassung des Gesagten
- Erneuter Dank für die Zeit

Ausblick

- Information über Auswertung der Ergebnisse
- Verabschiedung

Weitere Literatur zur Pohltherapie®:

Unerklärliche Beschwerden? Chronische Schmerzen und andere Leiden körpertherapeutisch verstehen und behandeln

Dr. Helga Pohl nimmt den Leser mit auf eine Reise durch die einzelnen Körperregionen und die dort auftretenden Beschwerden. Auf sehr persönliche Art verbindet sie reichhaltige Erfahrung mit Patienten, Forschungsberichte und leicht verständliche Erklärungen, so dass der Leser am eigenen Leibe unmittelbar nachvollziehen und begreifen kann, was ihn und andere plagt. Übungen und Empfehlungen für den Alltag runden die Darstellung ab.

Unter der Gürtellinie: Unerklärliche Beschwerden im urogenitalen Bereich körpertherapeutisch verstehen und behandeln

Renate Bruckmann arbeitet seit vielen Jahren mit der Pohltherapie® im Spezialgebiet Becken-Beschwerden/Beschwerden im urogenitalen Bereich und hat vielen Menschen geholfen, wieder schmerzfrei zu werden. Einfach und verständlich erklärt sie die Ursachen der einzelnen Beschwerden auf Basis der der Pohltherapie® und zeigt, wie aus Gewohnheiten Fehlhaltungen entstehen und daraus Beschwerden im Becken. Zur Lockerung und Schmerzlinderung gibt es ein konkretes Übungsprogramm und Anleitungen zur Selbstbehandlung von Muskeln und Faszien.